ハワイごよみ365日

季節ごとに楽しむ、
島々の素顔

近藤純夫

はじめに

まだハワイのことなど何も知らなかった若かりし頃のこと、幼なじみがオアフ島のカネオへに移り住んだことを知って、彼の家に居候をしたことがある。ホノルルの空港ビルはまだ小さく、高速道路もない時代だった。英語に長けていたわけではないが、彼が連れてきた多くの友だちと過ごす日々は楽しくて仕方がなかった。ある日、悪ガキ十二人がフォルクスワーゲンビートルに乗り込んで遊びに出かけた。荷物のように重なり合って、息をするのも大変な詰め込みようだったが、道中ずっと笑い転げていた記憶がある。到着した森には小川があり、そこにドラム缶を縦半分にカットして並べたウォータースライダーがあった。奇声を上げながら滑り降りて滝に飛び込むということを飽くことなく続けたあの一日は、今も鮮明に思い出せる。

当時のカネオへはジャングルという言葉がピッタリだった。野生馬が出没し、雨が続くと一帯は沼地に変わった。冬が訪れると雨季になり、ときに床上浸水となる。そのため、多くの家は高床式だった。もちろん今日のハワイにも穏やかながら四季はある。肌寒さとともに年が明け、日差しが強くなって春となり、熱射の夏を越え、実りの秋を迎える。

本書ではハワイの日々を記録し、暮らすような感覚で一年をつづってみた。どしゃ降りの日でも丘をひとつ越えると日が注ぎ、ビーチに海水浴客がいる一方で高山には銀世界が広がる。小さな島々に繰り広げられる驚くほどの景観の違いはどこから来るのか。人々の言葉づかいや習慣の多様さはなぜか。それらを写し撮り、言葉を添えた。部屋のカーテンを開けるようにページを開いてほしい。マナにあふれたハワイの風が吹きつけることを願っている。

二〇二〇年五月

近藤純夫

各ページのハワイ語表記について

・各ページに関連するハワイ語と、その意味を記しています。
・ハワイ語は、基本的にローマ字読みができます。
・「ā」「ē」「ī」「ō」「ū」など、母音の上に「ー（カハコー／音引き）」がつく場合は、
　その母音をのばして発音します。
　「‘（オキナ）」は子音のひとつで、「やっと」の「っ」のように発音します。
・本書では必ずしもハワイ語の発音にとらわれず、一般的な名称を用いたものもあります。

1月1日 タロイモと人

ハワイの神話では、神々が産んだ最初の子は死産で、埋められた赤子からタロイモの芽が伸びたとされる。そして次に産まれた子が人の祖となる。それゆえハワイの人々はタロイモと人とは兄弟であると信じている。
タロイモは日本の米のようなもので食の文化の特別な存在であり続ける。新年はタロイモとともに明ける。

（カウアイ島）

タロイモ（カロ）◎サトイモ科の仲間で、ポリネシアに広く伝わる。伝統社会ではアフプアアと呼ばれる集落ごとに固有のタロイモがあり、その種類は500を超える。

マウナ・ケア◎古来の名はマウナ・オ・ワーケア。天地創造の神ワーケアがつかさどる山を意味する。女神ポリアフが暮らし、冬は純白の雪のケープをまとう。

1月2日
天にもっとも近い山

神話はハワイの日常にある。
なかでもマウナ・ケアは
特別な聖地とされる。
天にもっとも近いからだ。
山頂でカフナと呼ばれる祭司の詠唱を
聞いたことがある。
神々の話を知らなくても、
冬空に響きわたる声は魂を震わせた。
(ハワイ島)

1月3日

星の海を渡る

マウナ・ケアに日が落ち、
山頂の天文台は次々とドームの扉を開けて
巨大な鏡を天に向ける。
4000メートルを超える高峰での営みは、
ハワイに移り住んだ先住者たちが
長距離航海で行った星空観察の
文化を引き継いでいる。
（ハワイ島）

マウナ・ケア天文台群◎山頂からは緯度と経度の関係で世界一多くの星が見える。高山、澄んだ空気、気象変化の少なさに利便性も加わり、多くの天文学者が集う。

マオ・ハウ・ヘレ◎1988年に二代目の州花となったハワイ固有のハイビスカス。今日、諸島全体に野生種は少ないが、公園や植物園で見られる。

1月4日

知られざる州花

マオ・ハウ・ヘレは州花にふさわしく
大ぶりで鮮やかな色の花をつける。
しかし見かけることは少なく、
ハワイでの認知度は低い。
そもそもハワイの伝統文化に関わりがなく、
何よりも花の香りを大切にする人たちが、
なぜ無臭のこの花を選んだのかは謎だ。
それでも花の存在感はほかを圧倒する。
（ハワイ島）

1月5日
香りの女王

初代の州花は
コキオ・ウラと呼ばれる
赤いハイビスカスだった。
すばらしい芳香と可憐な姿は
花の女王と呼ぶのにふさわしいが、
あまりに希少だったため
その座を降りた。深紅の花は、
涼しさの増すマノアの山のなかで、
今も凛とした風情を漂わせている。
（オアフ島）

コキオ・ウラ◎伝統社会では集落内に植樹し、木部を炭の原料にした。薬用としては血流をよくするため、花汁や葉をもみ出した液をさまざまに活用した。

ワイキキ◎かつてタロイモ水田が広がる湿地帯で、王家の別荘があった。リゾート地としての開発がはじまったのはわずか１００年ほど前のことだ。

1月6日
アロハ・スピリット

海辺にせり出すように建ち並ぶ
ワイキキの高層ホテル街は、
リゾート地というよりオフィス街に近い。
それでも世界一のリゾート地の座を
保ち続けられるのは、
アロハの心が
訪れる人を包み込むからに違いない。
（オアフ島）

1月7日
おもてなしの心

ホノルルの街に最初に出現した
ザ・ハワイアン・ホテルは窓にカーテンがなく、
ドアに鍵もなかった。今日、ワイキキに移って
ロイヤル・ハワイアン・ホテルとなったこのホテルは
外壁の色からピンクパレスとも呼ばれる。
建物は大きく変わったが、
アロハの心は当時から脈々と受け継がれる。

（オアフ島）

ロイヤル・ハワイアン・ホテル◎1927年に豪華客船マロロ号の旅客宿泊施設として開業。海を見飽きた客のため、客室からは庭の景観を楽しめる。

1月8日
発祥の地

サーフィンスポットには
厳しいローカルルールがあり、
だれでも自由にサーフィンが
できるわけではない。
とはいえ、有名リゾート地の多くは
その限りではない。
サーフィン発祥の地であるワイキキは
いつも多くのサーファーでにぎわう。
(オアフ島)

ワイキキ◎近代サーフィンの父と呼ばれるデューク・カハナモクが、ビーチボーイズとして活躍。ワイキキから世界にサーフィン文化が広がった。

1月9日
波乗りの歴史

サーフィンはポリネシアの島々で
古くから行われてきた。
サーフボードは素材や形状など
あらゆる点で進化したが、
波に乗るという基本は変わらない。
冬場は打ち寄せる波が大きくなるため、
サーファーたちにとっては腕の見せどころだ。
（オアフ島）

サーフィン（ヘエナル）◎
オアフ島ノースショアに大波が押し寄せる11月中旬～2月中旬、サンセット・ビーチなどの会場で多くのサーフィンの大会が催される。

アラワイ運河◎1928年に完成。運河沿いの遊歩道は地元の人にも人気で、朝夕はジョギングや釣りをする人、カヌーの練習風景などが見られる。

1月10日

めぐり行く水

広大な湿地帯だったワイキキ地区を
リゾート地として開発するにあたり、
湧き水を処理するために運河が造られた。
コオラウの山々から集められた水は
運河を経て海に注ぎ、
蒸発して雲となり、
雲は再び山々に雨を落とす。
水は悠久のリフレインを奏でる。
(オアフ島)

1月11日
せめぎ合う水

アラモアナ・ハーバーに日が落ち、
あたりが黄金色に照らし出される頃、
不思議な波紋が水面に湧く。
アラワイ運河から流れ下った淡水と
波止場に入り込んだ海水がせめぎ合い、
奇妙な踊りを披露するのだ。
音もなくくり広げられる
このステージは、
宵闇が忍び寄るまでくり返される。
（オアフ島）

アラモアナ・ハーバー◎アラモアナとは「海にいたる通路」の意。淡水と海水が交わる汽水域で多くの魚が集まる。ダイヤモンドヘッドとワイキキを一望できる。

ワイルア川◎ハワイ諸島で唯一、年間を通して船が航行できる。流れは穏やかで曲がりくねった川沿いには雨林が広がる。

1月12日
川の誕生

ハワイ諸島は火山活動によって出現した。
噴き出した溶岩には気泡があり、
降った雨はその穴を経て地下深くに浸透する。
そのために川ができにくい。
しかしカウアイ島のような古い島では森が広がり、
木々は枯れて土壌となる。土は雨をせき止め、
涸《か》れることのない流れを作り出す。
（カウアイ島）

1月13日 滝の儀式

その昔、ワイルア滝では
飛び込みが行われてきた。
滝壺は浅く、ときに死を招いたが、
大人への通過儀礼として
儀式が絶えることはなかった。
この飛び込みは今も密かに行われ、
ときに事故が起きる。
滝はそうした闇を包み隠すように、
変わることなく優雅に流れ落ちる。
（カウアイ島）

ワイルア滝◎川の一部が伏流水となり2本の滝となって流れ落ちる。岸壁にはコアエ・ケア（シラオネッタイチョウ）が生息し、滝の近くを飛び交う。

1月14日
開かれた町

カイルア・コナは
リゾート地として知られるが、
中心となるモクアイカウア教会と
筋向かいのフリヘエ宮殿は、
ハワイ王国が誕生した頃からの
歴史を色濃く残している。
しかし荘厳というよりは開放的で、
アロハの心が感じられる。
（ハワイ島）

ハワイ王国◎1810年カメハメハ一世が全島を統一し、八代目のリリウオカラニ女王まで80余年続いた。その後、共和国を経て合衆国最後の州となった。

1月15日
モクアイカウアの威光

ファラーライ山麓にある王家の土地の一部は
モクアイカウアと呼ばれる。
この森の木を切り出し、
ハワイ初のキリスト教会が建てられた。
礼拝堂はリゾート地のただ中にありながら、
今も超然とした空気が漂う。
訪れるなら土曜日を勧める。
礼拝堂からはゴスペルが流れ、
人々が全身を揺らしながら歌うのを楽しめる。
（ハワイ島）

モクアイカウア教会◎ハワイ州最古の教会。外壁に珊瑚石、礼拝堂はコア材がふんだんに使われている。英語の礼拝に続いてハワイ語による礼拝が行われる。

1月16日 大空の守り神

プエオ（ハワイコミミズク）◎ハワイの固有種。フィールドは牧場や草地など開けた場所。あまり人を恐れないため、運がよければ近くで観察できる。

心のなかを読まれている。
プエオと出合うとそんな気持ちになる。
独特の存在感を放つこの猛禽《もうきん》は、
アウマクア（先祖の霊）として尊ばれた。
ハワイでは森羅万象すべてが
アウマクアと呼ばれるので
プエオが特別なわけではない。
それでもこの眼に見つめられると
先祖のまなざしを感じる。
（モロカイ島）

1月17日
神と人をつなぐ

伝統社会にとり、
ハワイの自然は決して理想郷ではなかった。
淡水の不足やツナミの襲来、
嵐や火山の噴火など、
暮らしはつねに死と隣り合わせだった。
カフナは人々の願いを神に訴え、
ときに王より強大な力を発揮した。
(ハワイ島)

カフナ◎本来は熟練者やマイスターという意味。植物を調合して薬を作る者、武器や楽器を作る者、祈りを捧げる者などさまざまなカフナがいた。

ワイメア桟橋◎英国のクック船長はこの地に上陸し、最初の西欧人としてハワイにその名を刻んだ。桟橋からほど近いところに、クック像がある。

1月18日

大空を染める

ワイメアは海辺の小さな町で、
渓谷への通過点にすぎない。
しかし町の裏手にのびる海岸では
毎日のように色鮮やかな夕焼けが広がる。
そして桟橋の彼方には
蜃気楼のようにニイハウ島が浮かぶ。
(カウアイ島)

1月19日 いにしえのコテージ

ワイメアの町には古き良き時代の香りが漂う。
町外れにはサトウキビ農園に従事した
移民たちの住居があり、
宿泊コテージとして再利用されている。
花壇に囲まれた木造の家々は
窓を開けると海風が届く。
ギシギシとなる床、剥げかけた外装、
節目がよく見える低い桟。
建物のあれこれが語りかけてくる。

（カウアイ島）

ワイメア・プランテーション・コテージ◎ヤシの林に囲まれオールド・ハワイの風情があるコテージ。マンゴーやグァバなど敷地内には果樹も多い。

ザトウクジラ（コホラー）◎毎年10月末～3月末に出産のため諸島に現れる。なかでもモロカイ島、ラナイ島、マウイ島に囲まれた「内海」に多く見られる。

1月20日 ザトウクジラの声

冬の風物詩のひとつに
ザトウクジラの訪れがある。
海のなかに集音マイクを沈めると
オスのザトウクジラの声が鳴りわたる。
大きな船がきしむような音と
汽笛のような音が交錯する。
その声は数千キロメートルの彼方に届くという。
クジラたちは海を介して世界を結ぶ。
（マウイ島）

1月21日
太古からのメッセージ

カラエと呼ばれるサウスポイントは
合衆国の最南端でもある。
この地は古くから漁場として知られ、
さまざまな時代の釣り針が発掘された。
釣り針を通じて、いにしえのハワイを学ぶ。
（ハワイ島）

カラエ（サウスポイント）
◎古代の遺跡が発掘された貴重な場所。釣り針のほか、カヌーを停泊させる岩穴、豊漁と漁師の安全を祈る神殿が残されている。

釣り◎古代のハワイ人にとって、釣りは生きる糧を得る行為であり、釣り針を大切にした。今日、釣り針はハワイアンジュエリーの人気モチーフともなっている。

1月22日
先住の民

先住のハワイ人の多くは
タヒチ（ソサイエティ諸島）をルーツとするが、
それ以前にはマルケサス諸島から
来島したとされる。
さらに古くは漁業を生業とする集団が
暮らしていた跡が残されている。
歴史に刻まれた民は一部にすぎない。
ハワイは遠い過去から
さまざまな人々を受け入れてきた。
（ハワイ島）

1月23日 アロハ・ファミリー

島の西端でばったりと
知人一家に出会った。
「ヘイ・ブラ！」「ハウズィット？」
ローカルイングリッシュが飛び交う。
かくしてお互いにエンドレスな
近況報告がはじまる。
ハワイでは、友だちと家族に
さして大きな違いはない。
（カウアイ島）

ローカルイングリッシュ◎サトウキビ農園で働いた各国の移住者は、互いに通じる最低限の単語を、自分たちが発音しやすいように置き換えて話した。

1月24日
緑のモンスター

モンステラ◎タロイモと同じサトイモ科の植物。葉は成長すると1メートルを超える。ハワイではインテリアや衣服など、さまざまなもののデザイン素材となる。

ハワイをイメージする絵柄として
しばしば用いられるモンステラは
優雅さの見本のようだが、
地元では別の顔を持つ。
繁殖力が強い上に
強力な蔓《つる》を持つので
伐採するのにひどく苦労する。
文字通りモンスターなのだ。
（ハワイ島）

1月25日
活況のチャイナタウン

アジア系の人たちはよく働き、よく食べる。
とくにチャイニーズニューイヤーの時期は、
野菜や鮮魚とともに
威勢のいい声が道にあふれ出す。
ワイキキとは別の活気がこの街にはある。
（オアフ島）

チャイナタウン◎この時期、街を挙げて春節の祭りが数週間にわたり開催される。中央のコートヤードには、富や幸せ、長寿を願う中国の伝統料理が並ぶ。

THE MOUNTAIN MAUNA KEA FROM HILO.

イザベラ・バード◎晩年まで世界各地をめぐり、優れた旅行記を残した。彼女がハワイで見た風景は、『イザベラ・バードのハワイ紀行』（平凡社）で追体験できる。

1月26日

王国時代の探検家

一世紀半前のこの日、
作家イザベラ・バードはハワイ諸島を訪れた。
彼女は病を抱えながらも、島々を奥深く探索した。
溶岩が流れる火の山を登り、
すべり落ちそうな崖を越え、
馬とともに濁流を越えて未開の地を訪ね歩いた。
彼女の滞在記を読むと
150年前の王国が瑞々しく甦る。
（ハワイ島）

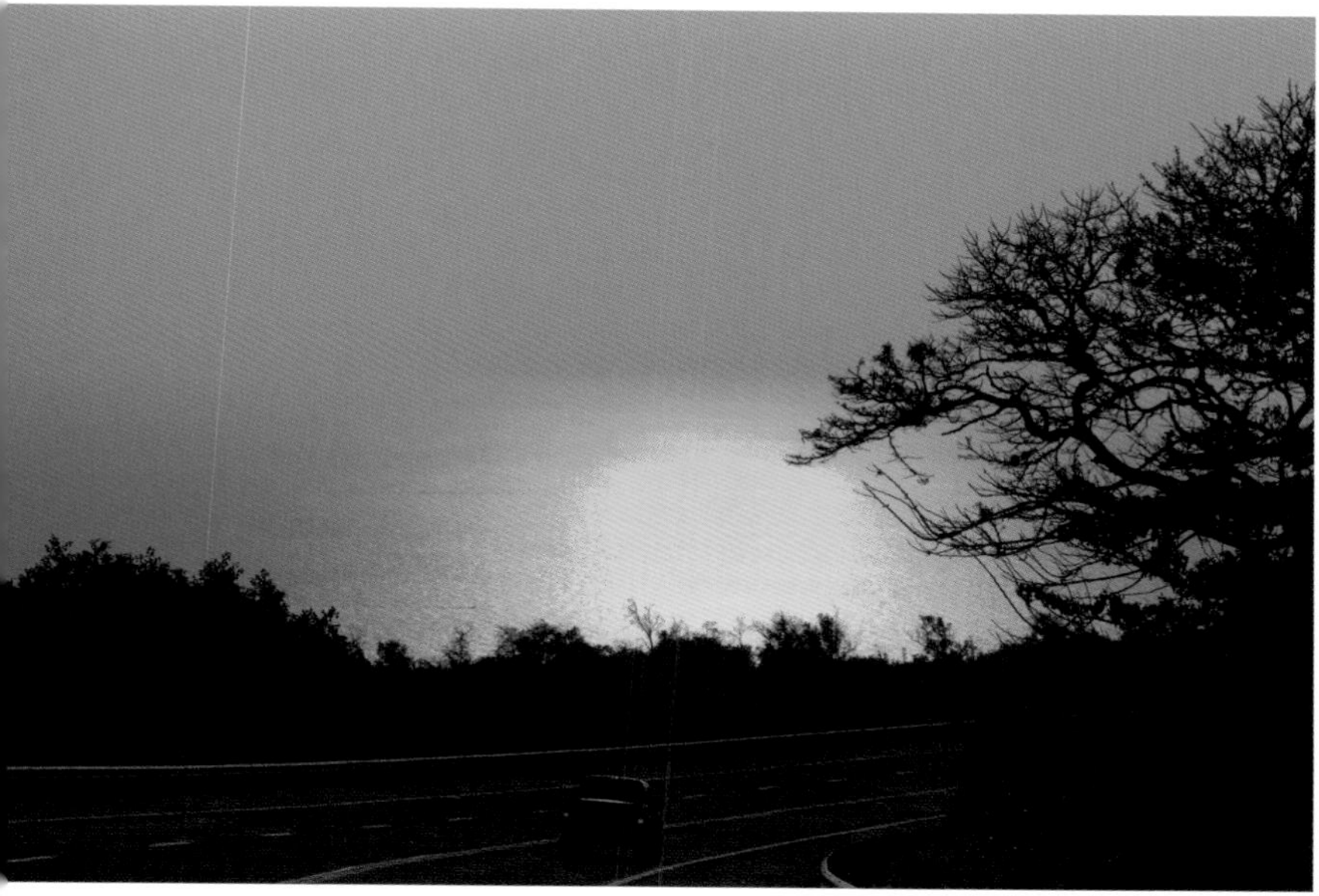

1月27日
光の海

雨上がりの空に淡い日が差し込み、
ケアラケクアの海を黄金色に染める。
かつて英国海軍のクック船長はこの地を訪れ、
島の美しさを書き留めた。
（ハワイ島）

ケアラケクア湾◎上陸したクック船長は、ハワイ４大神の一人とされるロノ神として熱烈な歓待を受けるも、この地で非業の死を遂げる。湾の突端近くには彼を記念する白い碑がある。

1月28日 青の世界

聖アンドリュース大聖堂◎カメハメハ四世が英国で見た荘厳な教会に感銘を受けて建設。王の死後はエマ王妃が引き継ぐも、生前に完成を見ることはなかった。

大聖堂は
ステンドグラスが放つ青色の光に
覆いつくされる。
ガラスには、キリストとともに
王家の人々が描かれる。
キリスト教を通じたハワイ王朝と
英国王室との蜜月を教える。
(オアフ島)

1月29日 ビンテージ・アロハ

アロハシャツのコレクターには
ファッションや趣味で
収まらない人たちがいる。
移民史や戦争の足跡を辿る歴史家だ。
過酷な農園労働にはじまる
アロハシャツの歴史には
計り知れない汗と土とが
染みついている。

（オアフ島）

アロハシャツ◎写真は1950年代のもので、素材は当時主流のレーヨン。和柄とポリネシア柄を絶妙にアレンジしている。5000ドルの値がついている。

1月30日
王家の土地

19号線を北上し、マウナ・ラニを過ぎると
コハラの山並みがせり上がる。
山麓には噴石丘《ふんせききゅう》が残るものの、
コハラは遠い昔に火山活動を終え、
今は深い森に包まれる。
ハワイ島でもっとも古いこの地は、
その自然の豊かさゆえに歴代の王が住みついた。
（ハワイ島）

19号線◎ハワイ島の海岸線に沿って、東海岸のヒロと西海岸のカイルア・コナを北回りで結ぶ。10月のアイアンマン・レースではこの道を自転車が駆け抜ける。

1月31日 いにしえの物語

文字を持たないハワイの人々にとり、
神話などの物語は資料庫のようなものだった。
神々が怪物を成敗したり、太陽や月が
擬人化されたりするのは、物語を通じて記憶し、
大切な歴史を継承するためだ。
イエイエの物語が残されているのは、
この植物の葉が強靭で、サンダルなど
暮らしに欠かせぬ素材として重んじられたため。
今もフラの祭壇に供物として捧げられる。
（マウイ島）

イエイエ◎フラの神の祭壇に捧げる植物のひとつ。マウイ島カフルイからハナ・ハイウェイを東に向かう森の奥で、木を履い登っている葉があればイエイエだ。

2月1日

風が残すもの

冬のハワイ諸島は
北東からの湿った風に見舞われることが多い。
そのため、ホノルルの北側を取り囲む
コオラウの山々はいつも雲に覆われる。
マノアをはじめとする山あいの街は
そのおかげで青々とした緑と、
ときおりの虹を楽しめる。
（オアフ島）

虹（アーヌエヌエ）◎雨季のハワイは雨が多い分、虹に出合える確率も高い。ホテルなら山側の部屋がよい。窓越しに写真のような虹を楽しめる。

037 | ao akua, ānuenue / 虹

ポイ◎蒸したタロイモに水を加えながら粘りが出るまですりつぶした伝統食。時間を経るごとに酸味が増す。市販品としても広く流通している。

2月2日
気前のよしあし

ポイは指ですくって食べる。
そこに居合わせた人みなで
シェアするというルールがあるため、
ケチな人間は作る際に水を多くする。
すると指一本ではすくい取れない。
それゆえ「ケチなやつ」は
スリーフィンガーと呼ばれる。
指一本でも食べられるような
ポイを作れよということだ。
（カウアイ島）

2月3日
ハワイアン・タイム

ハワイの道路工事は遅い。
小さな橋を造るのにも1年以上かかり、
その間、毎日のように渋滞を引き起こす。
理由はさまざまだが、
ハワイの人たちはのんびりとしている
というのがお決まりの結論だ。
これをルーズではなく、
おおらかと考えることができるようになれば、
そう、君はもうハワイアンだ。
(カウアイ島)

道路工事◎ハワイでは道路工事によく出くわす。「止まれ」と書かれた標識を持つ交通整理の係が、標識を回転させずに自分の体ごと回ったりするのはご愛嬌。

ワイメア渓谷◎いくつかある展望台からは、渓谷の彼方まで見渡せる。視界を遮るものがないため、ときには雨雲に伴って近づく虹を見ることもできる。

2月4日

太平洋のグランドキャニオン

ワイメア渓谷の壮大さは、
自分が小さな島にいることを忘れさせる。
この壮大な渓谷は膨大な時間をかけて造られたが、
誕生の背景には異なる事情もある。
ハワイ諸島を支える海底のプレートは
北西に向かって移動するが、カウアイ島は
異なる速度のプレートにまたがって乗る。
ワイメア渓谷は風雨の侵食だけでなく、
プレートによっても引き裂かれる定めにある。
（カウアイ島）

2月5日
虹のプレート

ハワイ州のナンバープレートには
虹が描かれている。
大きく鮮やかな虹がよく現れるからだ。
ハワイ諸島は雨が降ってもすぐに
太陽が顔を出すので虹がよく現れ、
雨粒が大きいため色鮮やかになる。
加えて空や海が大きく開けているため、
大きなアーチが架かる。
（マウイ島）

ナンバープレート◎これまでの虹のプレートに加え、2015年からは「ハレアカラー・ネネ・銀剣草」「キラウエア火山」などのデザインを選べるようになった。

バニヤン◎次々と気根を伸ばし、そこから新しい木が育つことをくり返しながら周囲に広がる。バニヤンが作る木陰は古くから集会場所として使われてきた。

2月6日
早朝の出来事

観光客は気にすることすらないが、
ワイキキは絶えざる労力の上に
成り立っている。人々が起き出す前に
スプリンクラーで水を撒き、
ヤシの木の葉を落とし、
落葉を片づけ、
ビーチをレーキで整える。
この作業が世界一のリゾートを
支え続ける。
（オアフ島）

2月7日

故《ふる》きをたずねる

ワイメアはキャプテン・クックが
西欧人として初めて上陸した町であるとともに、
サトウキビ農園が造られた土地でもある。
100年近く前の建物が今もなお残されていて、
この町の歴史の古さを伝える。
（カウアイ島）

ワイメア◎町のほぼ中央にキャプテン・クックの像があり、ここを中心に商店や銀行などが連なる。また、ワイメア渓谷やコケエ州立公園の起点でもある。

カヴァイアハオ教会◎王族の結婚式や戴冠式、葬儀など冠婚葬祭が行われたオアフ島最古の教会。礼拝堂は王朝時代のハワイの雰囲気を色濃く残している。

2月8日

珊瑚が支える信仰

ハワイの文化遺産であるカヴァイアハオ教会はストーンチャーチの別名を持つ。
創設当時は藁葺きだったが、その後に焼失。
そこで聖職者たちは海の珊瑚に目をつけた。
巨大な建物は珊瑚が造り上げた。
（オアフ島）

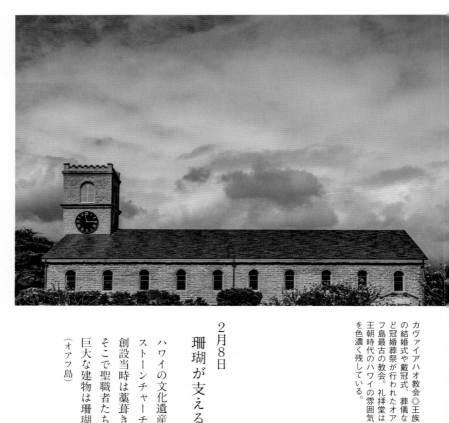

2月9日
歴史へのこだわり

細部にいたるまでこだわったこの絵は
ハーブ・カーネの手による。
彼の作品は歴史資料としての評価も高い。
描く人物の服装や装備、
素材だけでなく当時の海面の高さまで調べ、
文字を持たなかった伝統文化を
絵画の形で表現したからだ。
今日、多くのホテルや博物館に常設されている。
（ハワイ島）

ハーブ・カヴァイヌイ・カーネ◎アーティスト、史学者、ポリネシア航海団体の共同創立者。伝統的な航海術を再現したホクレア号のデザイナーとしても知られる。

日暈◎太陽の周囲に現れる虹で、サン・ハロとも呼び、条件が重なると7色に見える。月の周囲に現れる虹は月暈（つきがさ、ムーン・ハロ）と言う。

2月10日

太陽を飾る虹

太陽に薄い雲がかかると
光が雲の水分に反射し、
円環となって太陽の周囲に現れる。
日暈《ひがさ》と呼ばれるこの現象を、
ハワイの人々は太陽の虹と捉えた。
（カウアイ島）

2月11日
語り継ぐもの

パールハーバーは
アメリカ人には琴線のようなものだが、
日本人にとっても複雑な感情を抱く場所だ。
世代をまたぐような過去の歴史は、
加害者と被害者の関係ではなく、
出来事と継承者という認識で
後世に語り継いでいきたい。
戦いは等しく悪だという警鐘を。
（オアフ島）

アリゾナ記念館◎パールハーバーの海底へ沈んだ戦艦アリゾナ号の真上に建てられた記念館。第二次世界大戦を伝える戦艦や潜水艦などを展示する。

レインボー滝◎滝壺に架かる虹は、滝を正面にして自分の背後42度前後に太陽があるときに現れる。訪れるなら晴れた日の午前11時頃までがよい。

2月12日
朝に架かる虹

滝壺に勢いよく水煙が上がる。
そのとき日が差し込むと鮮やかな虹が現れる。
ワイルク川に架かるレインボー滝は、
午前の限られた時間帯に虹が架かる。
ハワイの伝統社会では虹に特別の思いを込め、
アオ・アクア（神々しい光）と名づけた。
（ハワイ島）

2月13日 モンキーポッドのシルエット

ヒロ郊外の高校キャンパスで
モンキーポッドの並木を見つけた。
暮れゆく光のなかで
影絵のように枝葉を広げる。
絵本を開いたような
幻想的な世界がそこにある。
（ハワイ島）

モンキーポッド◎ホノルルのモアナルア公園にある巨樹は、日本で「この木なんの木」のCMで知られる。雨が近づくと葉を閉じるためレインツリーとも呼ばれる。夜も葉を閉じる。

ハワイアンホースト◎日系人が考案したマカダミアナッツにチョコレートをかけたスナック。抹茶チョコ、ハニーチョコなどのバリエーションもある。

2月14日

マカダミアナッツチョコレート

バレンタインデーのこの日、日本では飛ぶようにチョコレートが売れるが、ハワイでは取り立てて騒がれることはない。とはいえ、マカダミアナッツチョコレートの代名詞とも言えるハワイアンホーストは、昔も今も、ハワイみやげの定番として愛され続けている。

（オアフ島）

2月15日
ハンバーガーの食べ方

ヒロのダウンタウンにあるスポーツバーの
クローニーズは
絶品のハンバーガーを出す店として知られる。
カウンターに座ったなら
スタッフと会話をするのが基本。
黙々と食べるのはマナー違反だ。
しかし、うまいハンバーガーは
熱いうちに食べ終えたい。相反する要求に
折り合いをつけようと急いで頬張る。
(ハワイ島)

クローニーズ・バー&グリル◎食事もさることながら、アロハシャツなど店のオリジナルグッズも人気。デザイン性に優れている。↓P382

ウクレレ◎ハワイと日本のミュージシャンが多数参加するイベント「ウクレレ・ピクニック・イン・ハワイ」が、毎年この時期にホノルルで開催される。

2月16日

ウクレレのある暮らし

ハワイ王国第七代の王カラーカウアの時代に
ウクレレは広く認知され、
以後、ハワイ音楽に不可欠な楽器として
諸島に浸透している。
名前の由来はいくつかあるが、
ウクレレを弾く素早い指使いから
ノミが跳ねるという
ユーモアのある説が気に入っている。
（ハワイ島）

2月17日 キルトに込めた魂

今日のハワイアンキルトの
イメージとは異なり、
王国が没しようとしていた
一九世紀末には
幾何学模様や王国の旗を
デザインすることがあった。
布に針を刺して縫うという行為は、
魂を縫い込めることでもあり、
最後の女王・リリウオカラニもまた、
作品にその思いを込めたに違いない。
(マウイ島)

ハワイアンキルト◎キルト・コレクションが充実しているカウアイ博物館では、近代社会で高い評価を受けた作品などを展示している。

砂糖工場◎写真は、マウイ島カフルイ空港にほど近い町プウネネに残された工場。その煙は消えたが、接する砂糖博物館では往時の暮らしを伝える。

2月18日 サトウキビの王国

200年近く前、王国のビャクダン資源は枯渇し、
ククイやグアノ肥料の輸出にも限りが見えていた。
このとき砂糖産業は救世主のように登場し、
またたく間に諸島全土に広がった。
しかしやがて価格競争に負け、
数年前に最後のサトウキビ農園が閉鎖して
王国時代の産業は途絶えた。
（マウイ島）

2月19日 スパムのあれこれ

スパムむすびは今やハワイ定番の軽食だが、好き嫌いは分かれる。スパムには品質が劣る素材を使うこともあるので、味にこだわる人には受け入れがたいのだろう。しかし塩辛いスパムと米の取り合わせは悪くない。玉子やふりかけ、カツなどのアレンジもあるので、きっとお気に入りのスパムむすびに出合える。

（ハワイ島）

スパムむすび◎手軽さからセブン-イレブンのものがお勧め。スパムとたくあん、スパムと玉子などのバリエーションもある。保温しているものは早めに食べよう。

ナイト・レインボー◎月や星の明かりで浮かび上がる虹。昔は出合えることが稀だったが、最近は詳細な気象データをもとに出現を予測できるようになった。

2月20日
月への架け橋

ハワイの神話に登場する男性神の妻は
ヒナと呼ばれることが多い。
彼女については虹の物語がよく知られる。
怠け者の夫に愛想をつかせ、
夜にこっそり虹を登って月へ去るという話だ。
だから幻想的であっても
ナイト・レインボーの出現に呆《ほう》けていてはだめだ。
妻が三行半《みくだりはん》をしたためているかもしれない。
（ハワイ島）

2月21日
虹をついばむ

アエオが餌を探して
池の泥を突いている。
すると日が陰って通り雨があり、
ほどなく虹が現れた。
アエオはそれと知らず
水に映し出された虹をついばんでいた。
（マウイ島）

アエオ◎メキシコ原産のクロエリセイタカシギから派生した亜種で、ハワイ固有種。湖沼の減少などで生息数が減り、絶滅危惧種として保護の対象となっている。

ロコモコ◎注文する際に卵の焼き方を聞かれることがある。サニーサイドアップはいわゆる目玉焼き、オーバーイージーは両面焼きの目玉焼きのことだ。

2月22日

ハワイのソウルフード

ロコモコのロコとはクレイジーな量（大盛り）の意味で、モコは語呂合わせに加えたもの。

いつも腹を空かせている若者たちに
量を多く提供しようということから編み出された。

丼にご飯を入れ、その上にハンバーグをのせて
たっぷりとグレイビーソースをかける。

さらに目玉焼きをのせてできあがり。

ロコモコは今もハワイの若者たちのソウルフードだ。

（ハワイ島）

2月23日 ロコモコ論争

ロコモコはヒロのリンカーン・グリルが発祥だが、
近所の100カフェが商標登録をしてひと騒動があった。
その後、メイズファウンテンという店が
それより前にロコモコを提供していたという
新聞記事が見つかるサプライズがあった。
その味を受け継いだのがコージズ・ランチショップ
（現コージズ・ベントーコーナー）なのだが、
ここのイチオシはテリビーフ&オニオンだと思う。
（ハワイ島）

コージズ・ベントーコーナー◎テイクアウトの店。元祖ロコモコもあるが、土地の人はほとんどテリビーフ&オニオンを注文。しょうゆ味で白いご飯によく合う。
↓P382

2月24日
秘密基地

オープン・シーリング・ケイブ◎北海岸のホノプビーチ近くにある洞窟。甌穴と海蝕洞（かいしょくどう）が合体した珍しい構造をしている。カヌーで内部に入るツアーがある。

島の北部に降る雨は
川や滝を造って海に注ぐ。
流れとともに流れ下る小石は、
稀に水たまりのなかで回転し続け
円柱状に岩を削り取ることがある。
これを甌穴《おうけつ》と呼ぶが、
上空からの景観はまさに秘密基地。
探検家となった気分になる。

（カウアイ島）

2月25日
神への捧げもの

神々への供物には祈りが伴う。
捧げものを手に入れるとき、
それを祭壇に置くとき、
さらには大地へ戻すとき
それぞれに祈りがある。
ハワイでは森羅万象すべてが
先祖の霊の化身であり、
先祖から得たものは
先祖へ返すという考えが
暮らしの基本にある。
（ハワイ島）

クアフ◎神々への供物を置くための小さな祭壇。マウナ・ケアには、山頂、オニヅカ・ビジターセンター近く、そして麓（写真）の3カ所がある。

2月26日 水に抗う

カネオへ◎水害を防ぐ目的でカネオへの山側に造られたホオマルヒア植物園は、貯水池の役割を果たす。オアフ島最大のこの植物園は無料。釣りも楽しめる。

カネオへの町はかつて周囲を
森に囲まれ、家の前を野生馬が
行き交う辺境の地だった。
森の奥にはコオラウの山々が連なり、
大雨が家々を押し流すこともあった。
山々に刻まれた開拓の跡は、
それゆえ人と自然との関わりを教える
歴史の証人でもある。
(オアフ島)

2月27日 パンケーキのある日々

パンケーキは言わずと知れた
ハワイの代表的な軽食だが、住民たちにとって
「どの店で食べるか」ということと
「どの店がうまいか」は同じではない。
地元こそが正義であり、
その店が親族のだれとつながっているかとか、
いつ開店するかということが重要なのだ。
（オアフ島）

カネオへ・パンケーキハウス◎山盛りホイップクリームで知られる「コア・パンケーキハウス」の元祖。チャーハンも人気が高い。→P382

ヤギ◎西欧人が持ち込んだ動物のひとつ。各島で生息数が増え、ハワイ固有の自然環境を荒らすという問題が起きている。

2月28日
脅かすもの

絶海の孤島であるハワイの自然界に
闘いの歴史はない。
すべてが共存してきたからだ。
動物は逃げ回ることなく決まった場所で暮らし、
植物はトゲを捨て特定の動物と共存した。
今日、それを脅かすのは
猛獣や毒のある草花ではない。
野犬やのら猫、ヤギといった
人の暮らしに関わる存在だ。
（マウイ島）

3月1日
出合いの工夫

ホノルル動物園にはライオンやゴリラといった
子どもに人気の動物はいない。入園者が少なく、
閉鎖と隣り合わせの経営を強いられている。
そこで編み出されたのが出合いの空間だ。
檻の周囲に植栽や塀をめぐらせ、近くまで行かないと
動物が見えないようにしたのだ。
このアイデアはその後、
世界の動物園で採用されている。
（オアフ島）

ホノルル動物園◎プエオ、イオなどハワイ固有の鳥を間近で見ることができる。教育に力を入れており、関連の本や資料に加え、動物のフィギュアが充実する。

カウアイ島◎別名ガーデン・アイランド。多くのヘリツアーがあり、世界的な多雨地帯であるアラカイ湿原やワイメア渓谷などを俯瞰できる。

3月2日

削り取られる島

ヘリコプターからカウアイ島を見下ろす。
島のあちこちに深い亀裂が走り、
侵食の激しさを物語る。
主要ハワイ諸島で最古のカウアイ島は
500万年ほど前に成長を止め、
風雨と波浪に削り取られ続ける。
（カウアイ島）

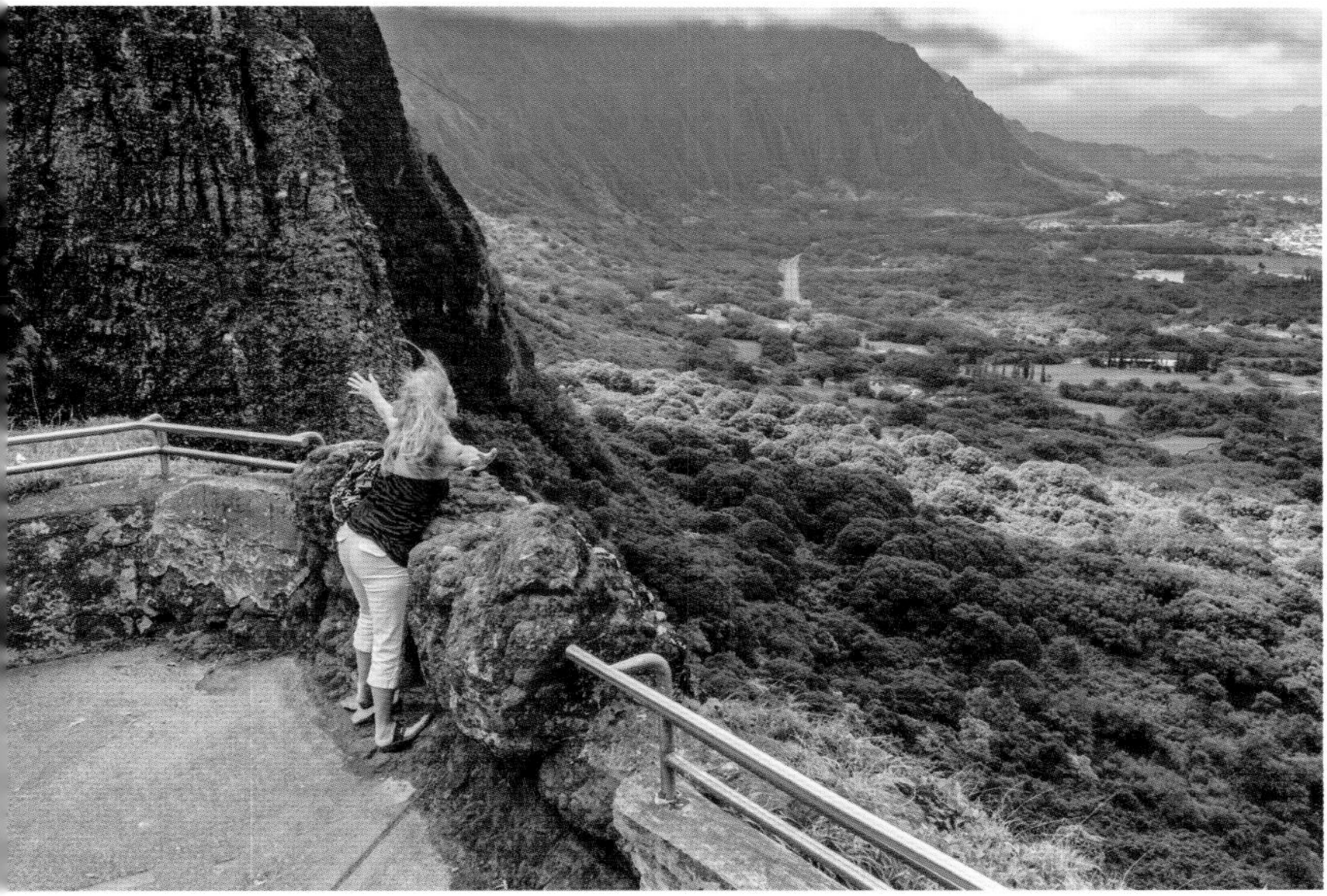

3月3日 ヌウアヌの風

ハワイ諸島では北東から風が吹き寄せる。
この島では、風はコオラウの山々に当たるが、
屏風《びょうぶ》のような崖の1カ所だけ
壁の途切れる場所がある。
ヌウアヌの展望台だ。
風はここに集まり、強風となって吹き抜ける。
昔の人たちはこの強風を神のしわざと考えた。
（オアフ島）

ヌウアヌ・パリ展望台◎高さ約900メートルの断崖にある展望台。緑豊かな大地の先に、天気がよければカネオヘの町の先に浮かぶ島々まで見渡せる。

風力発電◎ハワイ州は全米で初めて2045年までに再生可能エネルギーの割合を100%にする法律を可決。諸島各地で風力発電にも力を入れている。

3月4日
風の力

絶海の孤島であるハワイは、
物資の多くを輸入に頼るため、物価は高い。
そこで州政府は、
エネルギーの地産地消を推進している。
なかでも風力発電は充実していて、
強風が吹き抜けるサウスポイントには
巨大な風車が彼方まで続く。
神話に登場する風の神々が目覚めたなら
目を見張ることだろう。
(ハワイ島)

3月5日
目覚めの歌

ハワイに滞在中、
耳に心地よい鳥の鳴き声で
目を覚ましたことはないだろうか？
チョウショウバトは人家から里山まで
広範囲に生息していて、目覚めの歌を披露する。
旅行者がハワイを実感する際の何パーセントかは
彼らの演出によるものかもしれない。
（マウイ島）

ハト◎町にはチョウショウバト、ドバト、クジャクバトなど何種類かのハトがいる。鳴き声が微妙に異なるため、混声合唱団さながらの音楽を楽しめる。

ゲッコ（ヤモリ）◎小さな守り神と言われ、アクセサリーのモチーフとしても人気がある。甘いものに目がないので、砂糖水を置いておけば住みつくようだ。

3月6日

もうひとつの長距離航海

ハワイの人々に愛されるゲッコは人家に出没する。
マダガスカル原産のゲッコは、
航海に紛れて到来したと言われる。
それが事実なら、
人類とともにもっとも遠くへ移動した
最初のは虫類と言えるだろう。
ゲッコの話に耳を傾ければ
祖先の冒険談を語ってくれそうだ。
（ハワイ島）

3月7日
モオのうごめく世界

モオは神話に数多く登場する。
たいていは悪役だが
神の化身であり、
豊饒のシンボルとされることもある。
高貴な祭司は
巨大なモオを見ると信じられた。
尾を再生したり
自在に移動できることが
パワーを感じさせたに違いない。
(ハワイ島)

モオ（トカゲ）◎悪役としては、モオが養魚池に住むと魚が苦くなる、災害が起こるといった言い伝えがある。神話の多くは意図的に作ったという説もある。

ジャカランダ◎マウイ島のクラやハワイ島のワイメアで多く見られる。葉をつける前に花が咲く。満開となるこの季節は、サクラと同じように花見が行われる。

3月8日

春を呼ぶ霞

冬というほどの冷え込みはなくても、
春を待ち望むのはハワイでも変わりない。
それは風の柔らかさだったり
海の色だったりするが、
ジャカランダもまた
春の便りに欠かせない。
紫色の霞に引き寄せられるように、
もう間もなく春の花が顔を出す。
（ハワイ島）

3月9日
沐浴のひととき

100年ほど昔のハワイ王国では
馬が日常の足となっていた。
しかし車が登場すると
棄てる人が少なくなかった。
そのほとんどは命つきたが、
なかには野生馬として
新たな生を得たものもあった。
雨季を終えるこの季節、
馬たちは水かさの増したワイピオ川で
沐浴を楽しむ。
(ハワイ島)

野生馬◎ワイピオ渓谷の急坂を下ると野生馬に出合うことがある。渓谷をめぐる乗馬ツアーや馬車によるツアーもある。

クーカニロコ◎巨岩にはマナと呼ばれる霊的な力があり、ここで生まれた子は偉大な力を授かるとされた。ただし出産が許されるのは王族に限られた。

3月10日
虹のクーカニロコ

ワヒアヴァの広大なパイナップル畑に埋もれて
クーカニロコと呼ばれる巨石群がある。
聖地と崇められ、代々の王妃はここで出産した。
島のへそと言われるこの場所をめぐり、
幾度となく争奪戦が起きた。
クーカニロコではしばしば鮮やかな虹が架かる。
人々の思いは虹を昇り天の神々に達した。
彼らは巨石と虹に神の恩寵を受け、
この地を守り続けた。
(オアフ島)

3月11日
ツナミ・コークア

東日本大震災の半月後にハワイ島を訪れた。
東北を襲ったツナミは返す刀でハワイ島西海岸に
少なくない爪痕を残していた。しかしハワイでは
全島を挙げて日本へのコークア（支援）を行った。
被害を受けた店でさえ、
営業再開のその日から義援金を募ったのだ。
その日、幼い子が小銭を握りしめ、
カウンターに置かれた義援金箱に
背伸びをした姿は決して忘れない。
（ハワイ島）

ツナミ◎ハワイ島のヒロは、1946年のアリューシャン地震、1960年のチリ地震の際に巨大なツナミに襲われ、町は壊滅的な被害を受けた。

太平洋津波博物館◎ツナミの驚異を次世代に伝える目的で1994年にオープン。多彩なパネルを通して、ハワイのツナミ被害に触れることができる。

3月12日

交わりは海を越えて

ヒロの町は度重なるツナミで多くの人命が失われた。
そのことを忘れず次代に備えるため、
町は造り替えられた。
ツナミ博物館はこのときに誕生した。
博物館ではさまざまな手法でツナミの危険を伝える。
印象に残ったのは、
東日本大震災のコーナーが設けられていたことだ。
人々は自分たちの問題だけでなく、
被災した多くの土地と痛みを共有しようとしている。
（ハワイ島）

3月13日
トンボのいる風景

ハワイでは大変なスピードで
固有の動植物が姿を消している。
少し前にはハワイのカタツムリがほぼ絶滅したが、
在来種のトンボも決して安泰とは言えない。
絶海の孤島に育った生物は競争力に乏しく、
わずかな環境変化にも大きなインパクトを受ける。
脆弱な環境を守るのは
そこを訪れる者すべての責任だと改めて思う。
（カウアイ島）

虫◎絶滅に向かう虫もいれば、ハワイが桃源郷となる虫もいる。熟して発酵した果実を好むショウジョウバエは、ハワイ固有種として1000種以上を数える。

3月14日
ハワイの地ビール

コナ・ブリューイング・カンパニー◎グァバやパッションフルーツなどのフルーツテイストもある。環境保護と地産地消を高めるため、毎年この日にビール祭りを開催。→P382

ハワイには多くの地ビールがある。
コナ・ブリュワリーは
とくに種類が豊富だ。
コナの醸造所に併設される
パブを訪ねれば
さらに多くを楽しめる。
季節限定のビールもあり
店はいつも多くの客であふれる。
（ハワイ島）

3月15日
ラウハラの文化

ハラ（タコノキ）の葉を帯状にして編む。
これをラウハラと呼び、
伝統社会ではカゴや敷物などを作った。
今日では帽子やバッグなどの日用品が作られる。
ラウハラハットを
パナマハットのように粋にかぶれば、
気分はすっかりハワイアンだ。
（ハワイ島）

キムラ・ラウハラ・ショップ◎ホルアロアにあり、良質なラウハラ製品を扱うことで知られる。バッグや帽子などはオーダーもできる。

アオウミガメ（ホヌ）◎ハワイ島ではプナルウ（黒砂）海岸やカハルウビーチなどで見られる。絶滅危惧種で保護対象のため、一定距離をとり観察する必要がある。

3月16日
甲羅干し

伝統社会では食用にもされた
アオウミガメだが、
今日では手厚く保護されている。
それを知ってか知らずか、
人間などおかまいなしに浜辺に陣取り、
甲羅干しと昼寝に余念がない。
いったいどんな夢を見ているのだろう。
（ハワイ島）

3月17日 モアのいる暮らし

モア（ニワトリ）はハワイに持ち込まれた
家禽で、食用として利用した。
今日では全島で野生化し、とくにカウアイ島に多い。
どのように餌を確保するのかわからないが、
際限なく増え続けている。
モアの群れやけたたましい鳴き声は、
雨や風と同じように日々の暮らしに
深く溶け込んでいる。
（カウアイ島）

モア（ニワトリ）◎ニワトリの島とも呼ばれるカウアイ島では、いたるところで目にする。この島のシンボルということもあり、Tシャツなどにも描かれる。

フムフムヌクヌクアプアア
◎長い名前は「豚のような鼻をした無骨な魚」という意味。縄張り意識が強く気性が荒い性格で、興奮すると「ブーブー」と鳴く。

3月18日
長い名前

ハワイ州の魚はフムフムヌクヌクアプアアで、
もっとも長い名前を持つとされる。
しかしいくつかの点でこの説明は不確かだ。
ラウヴィリヴィリヌクヌクオイオイは
さらに長い名を持つし、
フムフムヌクヌクアプアアという名は
タスキモンガラやムラサメモンガラの総称に
すぎない。しかし、それを指摘しても
ハワイの人々は「ノー・プロブレム！」
と言って笑うだけだろう。
（オアフ島）

3月19日

ハワイ随一の名所

日本で海外旅行が自由化された1960年代当時、
アラモアナもコオリナもない時代に
ハワイ一の観光名所はワイキキ水族館だった。
多くの日本人はここで
海の神秘を初体験した。
（オアフ島）

ワイキキ水族館◎1904年のこの日にオープン。小規模だが世界で2番目に長い歴史を持つ。ハワイに生息する魚やハワイアン・モンクシールを見られる。

タロイモ水田◎遠めには日本の米作のように見える。水中から引き抜いて、根茎を切り取り、その茎を再び泥土に差し込むと、新しい根茎が育つ。

3月20日 水田のある風景

ハナレイ地区には3種類のタロイモ水田がある。
東端のハナレイ水田はもっとも作付面積が広く、
商品として流通する。
その西隣には研究用のワイオリ水田があり、
伝統的手法で少量多品種を栽培する。
西端のワイパー水田では田植えを体験できる。
いずれの水田もそれぞれの形で
ハワイの伝統文化を発信し続ける。
(カウアイ島)

3月21日

リバーカヌー

ハワイの伝統はカヌー文化が作り上げてきた。
ワイルア川ではその一端を味わえる。
諸島で唯一、通年で船が行き交えるこの川も、
1キロメートルほど遡ると森がせまり、
張り出した枝をかき分けて進まなければならない。
外洋カヌーと比べるべくもないが、
頭上に日差しを浴びながら漕ぎ続けていると、
先住者の心に触れたような気分となる。

（カウアイ島）

ワイルア川◎海風を背にカヤックで川を遡り、シークレット・フォールズへ向かうコースに人気がある。森のなかには昔の人が刻んだ絵もある。

3月22日
ハワイガンの誕生

ネネ（ハワイガン）◎ハワイの州鳥で、「ネーネー」という鳴き声が名前の由来。諸島各地で見られる。水辺に多いが、ハワイ島では溶岩地帯にも生息する。

カナダガンを先祖に持つ
ネネ（ネーネー）は
ハワイに定着すると体色を変え、
水掻きを後退させて
新しい環境に適応した。
ただしガンの習性である
編隊飛行やつがいでの行動は変わらない。
年の初めに誕生したヒナは
この時期に親鳥と同じ大きさとなり、
独り立ちの準備をはじめる。

（ハワイ島）

3月23日

ネネの憂うつ

ネネは人が持ち込んだマングースや
ネズミなどに卵を食べられ、野生種は絶滅した。
幸いにも30羽ほどが飼育されていたため、
これを繁殖させて今日では1000羽を超える。
とはいえ、近い血縁にある（種の多様性が低い）ため、
1羽が病気にかかると残りも同じ病気になりやすい。
ネネにとってはまだまだ憂うつな日々が続く。

（カウアイ島）

ネネ◎地元の繁殖プログラムによって数が増え、近年絶滅危惧種の認定から外された。マングースが少ないカウアイ島では繁殖しすぎる一面も。

オオグンカンドリ（イヴァ）
◎海鳥のサンクチュアリとして知られるキラウエア岬ではよく見られる。高空を舞い、飛びながら毛づくろいをしたりする。

3月24日
ものぐさな鳥

海鳥のコロニーでは
オオグンカンドリがわが物顔に振る舞う。
ほかの海鳥が獲った魚を空中で横取りしたり、
卵を奪ったりするのだ。
オオグンカンドリの羽根には撥水性がなく、
水中はおろか水面に触れることさえできない。
性格の悪さにはそれなりの理由がある。
（カウアイ島）

3月25日
墓地から婚式へ

プルメリアは、観光客にとってよく知られた花だが、めでたい席にはあまり縁がない。
テンプルツリーという英名から推測できるように、本来は墓地に植えられる。
しかしその美しさと香りのよさはだれもが認めるところ。
最近は少しずつ華やかな席でも用いられる。
（マウイ島）

プルメリア◎春から秋にかけて多くの花をつける。オアフ島ではパンチボウル（国立太平洋記念墓地）や聖アンドリュース大聖堂の墓地に多くの植栽がある。

3月26日
島の誇り

クヒオ王子◎ハワイ人初の合衆国下院議員として生涯ハワイ人のために尽力。生誕日の3月26日は祝日で、週末にはカラーカウア大通りでパレードが催される。

クヒオは通りの名や像で知られるが、詳しく知る人は少ない。彼はカウアイ王家の血筋だったため、ハワイ島出身のカメハメハ一族とは少しの隔たりがあった。カラーカウア王の時代に重用されたが、王国は妹のリリウオカラニの治政に崩壊し、クヒオを王にする青写真が日の目を見ることはなかった。

（オアフ島）

3月27日
かけ違えたボタン

マングースはネズミ退治用に導入されたものの、
互いの行動時間が異なるという
情けない理由で役に立つことはなかった。
その上、在来の動植物を駆逐し、
なかでもネネを絶滅に追い込んでしまったことで
駆除の対象となる。
疫病神のように忌み嫌われるマングースだが、
彼らとて好きで訪れたわけではない。
（ハワイ島）

マングース◎1883年に西欧人により導入された。人には慣れない上に、病原菌を持っているので注意が必要。肛門近くに臭腺があり、驚くと異臭を放つ。

プウエオ水力発電所◎レモンイエローのクラシックな外観がヒロの自然によくなじむ。電力供給量は少ないが、周辺地域の電力をサポートしている。

3月28日
勝利の丘

ヒロの町を貫くワイルク川を利用した
水力発電所がある。
その名をプウエオと言うが、
この言葉には「勝利の丘」という意味がある。
しばしば氾濫する川を
制圧したという人々の強い思いが、
施設の名に込められている。
（ハワイ島）

3月29日 マウイのカヌー岩

ワイルク川のほとりには、
半神マウイが乗り捨てたとされる
カヌーの形をした岩がある。
上流に住むモオという怪物が
下流に住む母のヒナを危機に陥れた際、
彼女を救出するために使ったという。
ワイルク川はよく氾濫を起こした。
モオのいたずらは、この川の氾濫を
言い換えたものに違いない。

（ハワイ島）

半神マウイ◎母は女神ヒナ。5人兄弟の末っ子で、兄たちとともにハワイの島々を釣り上げるなど、数々の神話が残される。

ダイヤモンドヘッド◎名前の由来のひとつは、十九世紀にこの山を登った英国水夫たちが、火口付近で輝く方解石の結晶を見つけ、ダイヤモンドと勘違いしたことから。

3月30日

春色の山

かつてダイヤモンドヘッドは乾いた風が吹き、
木々は少なく荒々しい岩肌を見せていた。
山麓にはキアヴェや
ハオレコアなどの乾燥に強い木を植えたが、
春先以外は灰色にくすむだけだった。
ここ数年は温暖化の影響もあり、雨が多い。
山肌は鮮やかな緑色であることが多く、
ホノルル市民にとっては
一服の清涼剤となっている。
（オアフ島）

3月31日
最後の灯台守

100年以上前に建てられた
ダイヤモンドヘッド・ライトハウスでは、
灯台守たちが永くホノルルの航路を見守ってきた。
今は無人化され、当時を知ることはかなわない。
しかし建物内に貼られた各地の灯台写真からは
この建物で働いた男たちの、
水平線の先に馳せた思いが伝わってくる。
（オアフ島）

ダイヤモンドヘッド・ライトハウス◎ダイヤモンドヘッドを登ると見える赤い屋根の灯台。1897年に運営を開始。現在は非公開。

ショウユ◎ハワイではSoy SauceではなくShoyuと呼び、英語が用いられることはほぼない。キッコーマンやアロハしょうゆなどいくつかの銘柄がある。

4月1日
嘘のような本当の話

ハワイではバケツ入りのショウユがある。
エイプリル・フールのネタのようだが、
実際に販売されている。
5ガロン（約19リットル）ものバケツは
飲食店用なのだろうが、3個パックが
セールで売られているのを見ると
頭がクラクラとする。
（オアフ島）

4月2日
虹色のパン

ハワイでは「ほんのり」とか「どこか……」といった
あいまいなテイストは好まれない。
シェイブアイスがそうであるように、
この店のレインボーブレッドも、
はっきりと食材がわかるようなマーブルカラーだ。
その手のパンが十数種類。
見た目で楽しむというのがいかにもハワイらしい。
（ハワイ島）

ロウ・インターナショナル・フード◎ヒロのドライブイン兼ベーカリー。マンゴーやグァバを練り込んだスイートブレッドなど、パンの種類は豊富だ。→P382

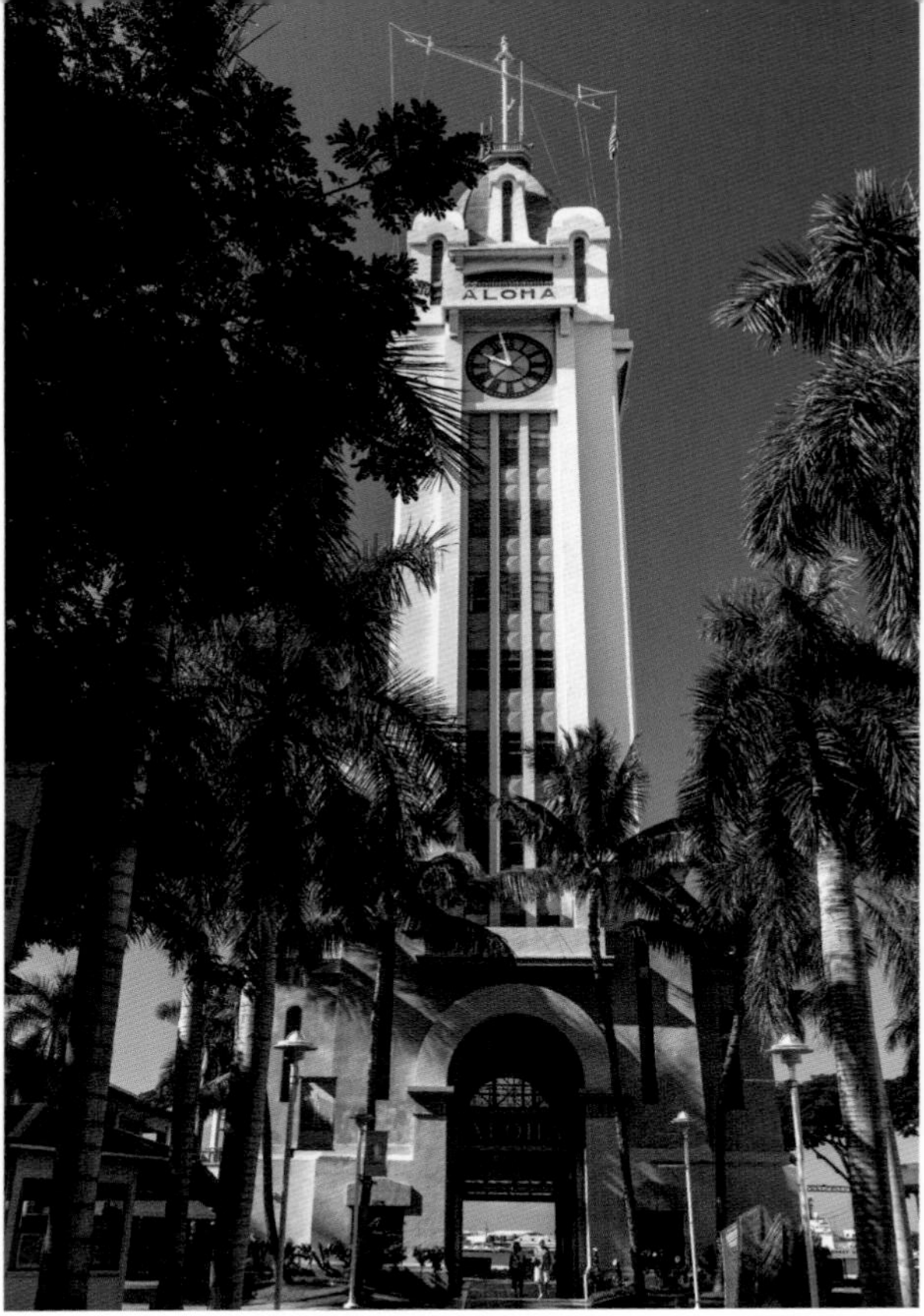

アロハ・タワー◎1926年建造のホノルル港のシンボル。55メートルの高さは諸島随一だった。古風なエレベーターで展望台へ。当時の感動を追体験できる。

4月3日 象徴のハワイ

王国が諸外国に門戸を開いた当時、
ホノルル港に建つアロハ・タワーは
ハワイのシンボルだった。
当時の移動手段は客船。
1ヶ月に及ぶ船旅の末に現れる尖塔《せんとう》は、
憧れのハワイの玄関口でもあった。
アロハ・タワーは人々の夢を
受け止めてきた。
（オアフ島）

4月4日
大洋をわたる

太平洋を数千キロメートルにわたって移動する
長距離航海の文化は
ミクロネシアの航海士の指導でハワイに復活した。
以後、多くの航海カヌーが造られたが、
カウアイ島への登場は遅れた。
ナーマーホエ号には「双子」の意味がある。
カヌーがオアフ島からカウアイ島へ移動する際、
方位の確認に双子座を利用したからだ。
遅れて誕生したが、ハワイ最大の船体を誇る。
(カウアイ島)

ナーマーホエ号◎22メートルに達する船体は航海カヌーのなかでは最大級。現在はカウアイ島の海の玄関口であるナーヴィリヴィリ湾に停泊する。

ワイアウ湖◎伝統社会では、赤ん坊が産まれるとへその緒を持って山を登り、湖に投げ入れて子どもの健康と成功を祈願したと言われる。

4月5日

女神の力

マウナ・ケアの4000メートル近くに
小さな湖がある。池のようなサイズだが、
決して水が涸《か》れることはない。
なぜ涸れないのか、その理由は今も不明だ。
湖の水にはワイアウという名の
女神がつかさどるという伝説が残る。
科学的な解明ができない現状では、
女神の力が勝るように見える。
（ハワイ島）

4月6日 森と人を支える

ハープウは森のなかの
日差しの少ない土地に育ち
オヒアとともに森を形作る。
春先のこの時期は
ひときわ瑞々しい。
（ハワイ島）

ハープウ◎ハワイに自生する木生シダの一種。タロイモなどの主食が不作の際は、幹に見える葉柄のなかのデンプン質を水にさらしてから調理し、代用食とした。

ケアホレ空港◎正式名は、スペースシャトルの事故で亡くなったエリソン・オニヅカ飛行士の名を冠する。乗り降りにタラップを使用する点が旅情を誘う。

4月7日
溶岩大地に降り立つ

初めてコナ便に乗った人は
着陸態勢の際に飛び込んでくる景色に
驚くことだろう。彼方まで溶岩大地が続くからだ。
コナのケアホレ空港は
溶岩流のまっただ中に滑走路を敷いただけで、
背の高い建物があるわけでもない。
緊急着陸をするのかと身構えるほどだが、
火の島ハワイにふさわしいおもてなしではある。
（ハワイ島）

4月8日
カパの文化

糸を紡ぐ文化のなかったハワイでは
カパと呼ばれる不織布を作った。
ハウの樹皮を剥がして水に浸け、
薄く伸ばして幾重にも重ねるのだ。
その質感や色彩は
ポリネシアで最上と謳われた。
カパの制作は
女性のもっとも重要な仕事だった。
（オアフ島）

カパ◎赤色にベニノキ、黄色にミロの果汁など、植物の染料を用いる。模様づけには竹製のヘラが使われた。

4月9日 ワイキキの夜

ワイキキ◎月に一度の週末には、ワイキキのクィーンズビーチに巨大スクリーンが設置され、映画を楽しむ「サンセット・オン・ザ・ビーチ」が開催される。

ハワイの人々は
日暮れとともに仕事を終える。
そうした慣習とは無縁だとばかりに
ワイキキは深夜まで
人並みが絶えることがない。
ワイキキ（ワイキーキー）とは
水の湧き出るところという意味だが、
今日的には人の湧き出るところ
と言えそうだ。
（オアフ島）

4月10日

夜明けの光景

夜明け前、ホノルルの街が
まだ眠りのなかにある早朝、
運河沿いの道は人々の息遣いに満たされる。
走る人、散歩をする人、
そしてカヌーを漕ぐ人々の息遣いが
藍色に染まったアラワイ運河に広がる。
（オアフ島）

ホノルル◎ハワイ州の州都でハワイ諸島の玄関口。「静かな港」とも呼ばれるが、この名の由来についてははっきりとした説がない。

4月11日

イイヴィの行く末

イイヴィはロベリアという花の蜜を吸うため、
花の形状に合わせたクチバシを獲得した。
しかし外来の鳥の侵出で生息地は狭まり、
別の花蜜も餌とした。その結果、
わずか数世代でクチバシが短くなりはじめた。
おれたちの運命はおまえたち次第だ。
そのように告げられている気がする。
（マウィ島）

イイヴィ◎ハワイミツスイの一種。クック船長の時代は50種ほどのハワイミツスイがいたとされるが、現在は十数種類。イイヴィも絶滅が危惧されている。

コアホウドリ（モーリー）
◎生後半年ぐらいのヒナ。体長約80センチと親と同じ大きさながら、白と黒のまだら模様の羽毛が毛糸玉やぬいぐるみのように見える。

4月12日
コアホウドリの旅立ち

北西ハワイ諸島を中心に広く太平洋に分布するコアホウドリは、秋に卵をかえす。ヒナは半年ほどで親鳥とほぼ同じ大きさとなるが、まだ飛ぶことはできない。そのせいか大きな図体で餌をねだる姿は少し滑稽にも見える。4月のこの時期になると親鳥はヒナを置いて旅立ってしまう。その後の3ヶ月間に、ヒナの何割かは食べられたり餓死したりする。その試練を乗り越え、親の後を追う。

（オアフ島）

4月13日
客船の世界

ハワイの島々をめぐる豪華客船のコンセプトは、
1950年代の再現と言ってよいだろう。
プレスリーやベンチャーズの
サウンドが鳴りわたる船内には、
金銀を縁取った家具や食器が並ぶ。
クルーズの利用者はほとんどが70過ぎなので、
'50年代の文化は彼らの青春時代と一致する。
客船はクルーズの名を借りた
過去へのタイムスリップに違いない。
（ハワイ島）

プライド・オブ・アメリカ
◎ノルウェージャンクルーズラインが運行。ホノルル港を出発し、1週間かけてマウイ島、ハワイ島、カウアイ島をめぐる。

4月14日 イアオ・ニードル

イアオ針峰◎岩峰は神々の強い力が宿る場所であり続けた。1790年にカメハメハ大王がマウイ島を征服したケパニワイの戦いの舞台としても知られる。

孤高の岩峰はかつて王家の墓地だった。
王が死ぬと蔓《つる》を編んでロープを作り、
遺骨を担いで山頂へ登る。
そこからロープを垂らして下り、
崖の途中の穴に遺骨を埋めた。
恐らくは遺骨の盗難を防ぐためだ。
高貴な人物の骨にはマナと呼ばれる
霊的な力があるとされ、だれもがそれを
身につけようとした。

（マウイ島）

4月15日
建て替えられた教会

カアフマヌ教会は
カメハメハ一世の死後、クリスチャンに帰依した
妻カアフマヌ女王の希望で計画された。
しかし宣教師の間に対立があり、
今日の形になるまでは紆余曲折があった。
半世紀後の1876年、落ち着きを取り戻した人々は
新たな建物を造り、ようやく教会に女王の名を冠した。
それから一世紀半もの間、静かに時は流れ、
白亜の教会はこの地を見守り続けている。
(マウイ島)

カアフマヌ教会◎ハワイ語で説教する数少ない教会のひとつ。宣教師エドワード・ベイリーが、多くの資金を出して設置した時計がシンボルとなっている。

マノア地区◎ワイキキ近郊に位置しながら緑が多く、静かな住宅地として知られる。ハワイ大学マノア校やワイオリ教会などがある。

4月16日

マノアの学び舎

ホノルルのマノア地区にはハワイ大学がある。
近くのカフェには学生たちが陣取り、
PCや本を広げて勉学にいそしむ。
そんな雰囲気が好きで、
マノアを訪れるといつもここでお茶をしながら
こちらも本を取り出し、
ひとときの学生気分を満喫する。
（オアフ島）

4月17日
モクレレの試練

モロカイやラナイに渡るときは、
モクレレ航空を利用する。
モクレレとは飛行機のことだから
社名のつけ方としては少しおかしいが、
地元ではこんなことを気にする人はいない。
ここではちょっとした試練が待ち受ける。
乗客の前で体重計にのらなければならないのだ。
小さな機体はよく揺れるが、
フライト以上の勇気が試される。

（オアフ島）

モクレレ航空◎11人乗りのプロペラ機で運行。日程によるが、モロカイ島の空港に着く前に崖の脇を飛んでくれることもある。

ハシナガイルカ◎四季を問わずに各地で見られる。ハナレイ湾で多くの時間を過ごす一群がいて、人に興味を持って近づいて来ることが多い。クルーズでも人気がある。

4月18日

遊び相手

ハナレイ湾のそこかしこに
ヨットが係留する。
そこにハシナガイルカがよく現れ、
遊び相手となる人間を探している。
彼らにしてみれば、
人間もまたおもしろい玩具のひとつに
すぎぬのだろう。
（カウアイ島）

4月19日 サイミン

ラーメンに似たサイミンはハワイのソウルフードで、
今やマクドナルドのメニューにもある。
味はともかく、ハワイを訪れて食べないことはない。
小皿に添えられたマスタードに
軽くレンゲを当ててからスープを飲むと、
溶け出したかすかなマスタードの香りが鼻をつく。
そして、ハワイに戻ってきたのだと体が思い出す。

（オアフ島）

シローズ・サイミン・ヘブン◎ハワイで人気があるサイミン専門店。オアフ島ワイマルとエバビーチに2店舗を持ち、64種類ものサイミンがある。→P382

ハレアカラー◎標高3000メートルを超す高所なので帰りの登り返しはきつくそれなりの体力が必要だ。近年、日の出時の登頂の人数制限を実施。予約が必要。

4月20日
呼吸する山

ハレアカラーにせまりくる雲は
早朝に北麓を昇り、
山頂を覆い隠すように流れ去って南麓にいたる。
日暮れが迫って気温が下がりはじめると
クレーターに湧いた雲は
コオラウ・ギャップを経て北麓へと後ずさる。
山が呼吸をするかのように、
雲は日々この動きをくり返す。
（マウイ島）

4月21日
東北の息吹

山頂近くの天文台群には
福島県の飯舘村から移設した
惑星大気観測用の60センチ望遠鏡がある。
能力という点では心もとないが、
原発事故によって中断を余儀なくされた
東北大の観測所に、ハレアカラーの研究者たちが
差し伸べた救いの手は、
大きな力となったに違いない。
（マウイ島）

ハレアカラー天文台群◎合衆国空軍が管理するハレアカラー観測所、ハワイ大学や東京大学の観測所など、10以上の施設がある。人工衛星の追跡施設が多い。

アラカイ湿原◎ピヘアの先にある世界有数の多雨地帯。周辺には背の低いオヒアが点在。あふれた水は東部と北部の壁から無数の滝となって落ちる。

4月22日 オヒアの森を歩く

コケエ州立公園のピヘア・トレイルを行き、
その先の木道を進むと、オヒアの森が現れる。
高地ゆえに生長環境は厳しく、
外来の動植物にとっても侵出が難しい。
それゆえ、太古からここで暮らすオヒアにとり、
数少ない安住の地となっている。
(カウアイ島)

4月23日

天空の使い

イオラニ宮殿は、
アメリカにあるただひとつの王宮である。
ハワイ王家を象徴するこの建物は
「天から使わされたイオという鳥」と
名づけられた。なぜイオなのかと思いつつ、
はるかな高みを滑空するこの鳥を見て
はたと気づく。
イオはつねに仰ぎ見る存在なのだ。
王家のメッセージがその名に込められている。
（ハワイ島）

イオ（ハワイノスリ）◎全体が暗褐色の個体と明るい色の個体がいる。日中は空の高いところを飛ぶのに加えて警戒心が強いため、間近で見るのは難しい。

ココ・ヘッド◎ココ・ヘッド地区公園にある山のひとつ（写真手前）。ハナウマ湾から30分ほどで山頂に立つことができる。

4月24日
火の山の連なり

機上からココ・ヘッドと
東に連なる景観を望む。
かつてはダイヤモンドヘッドから
ココ・クレーターまで
活発な噴火が続いた。
一連の活動の最後は数万年前とされる。
マグマを供給するマグマ溜まりは、
100万年以上も昔に
切り離されているはずなのに、
なぜ噴火は続いたのか。
周辺の山々は今もその答えを
内に隠している。

（オアフ島）

4月25日
作られた世界

ハナウマ湾はとりわけ環境保全に厳しい。
かつてダイナマイトを使って
湾を拡大するという過ちを犯したためかもしれない。
湾はクレーターの跡で、
このような地形には豊かな海中環境が誕生する。
湾には諸島でも抜きんでて多くの種類の魚が生息する。
（オアフ島）

ハナウマ湾◎環境や生態系の保護に関する説明を受けてからビーチへ。珊瑚礁に住む魚を数多く観察できる。2016年には全米でベストのビーチに選ばれた。

クククイ◎トウダイグサ科の植物。和名をハワイアブラギリと言い、実には多量の油分が含まれる。ハワイ王国の初期には燃料として輸出されたこともある。

4月26日
光り輝く木

ククイは外来の植物でありながら、
ハワイの州木でありモロカイ島の木でもある。
この木は燃料や薬、調味料など、
暮らしのなかでさまざまな役割を担った。
また光り輝く木とも呼ばれる。
葉を覆うファイバー状の細かな繊毛が
光を乱反射させて白く見せるため、
森のなかでひときわ明るく見えるからだ。
(マウイ島)

4月27日 安住の地

難破船海岸からは
座礁した貨物船が見える。
この海峡には何十艘という船が沈む。
浅瀬が続く上に無数の岩礁があるためだ。
一方、ここはザトウクジラの出産場所でもある。
人間社会にとっては難儀な場所だが、
クジラたちにとっては魅力に富む。
(ラナイ島)

難破船海岸◎島の北部に広がる海岸。沖に朽ちかけたタンカーがほぼ原形のまま取り残されている。あたりにはキアヴェの蜜の甘い香りが漂う。

フォーシーズンズ・リゾート・ラナイ・アット・マネレ・ベイ◎オフロードトリップやクルージングなどアクティビティも充実。敷地内に昔の住居跡がある。

4月28日

その先の世界へ

島の南には大きな集落があるわけでもないのに
数少ない舗装道路が続く。
高原を下るとマネレ・ベイにいたる。
海にのびる恋人岬はラナイの観光スポットだが、
それがかすむほどの豪華ホテルがある。
ロビーに入ってまた足が止まる。
贅をつくすとはこのホテルのためにあるのだろう。
宿泊費は……知らない方が幸せだ。
(ラナイ島)

4月29日

戦いがもたらすもの

その昔、モロカイ島とラナイ島が対立していた
時代があった。戦いは土地の神々をも巻き込み、
消耗戦の末にラナイ島が勝利した。
しかし残されたのは荒廃した土地だけだった。
絶え間なく吹きすさぶ風、赤土の上に転がる巨石。
それは巨大な力を持つ神々の気まぐれのようにも見える。
ケアヒアカヴェロという名のこの土地は、
戦いの空しさを今に伝える。
（ラナイ島）

ケアヒアカヴェロ（神々の庭園）◎未舗装のポリフア・ロードの終点にある。モロカイ島やマウイ島で雨を落とした乾いた風が吹き抜け、赤土と自然石が広がる。

ジャッド・トレイル◎オアフ島のヌウアヌ・パリやマノアの滝に隣接し、クックパインの森を1時間ほどで周遊できる。小川や天然プールで水遊びもできる。

4月30日

整えられた森

クックパインの巨木が林立する
ジャッド・トレイルには深山の趣がある。
しかし森を形作る木々は植林されたもので、
枝打ちや下生えの刈り取りなど、
絶えざる人の手がある。
このような人工林は諸島のそこかしこにあり、
原生林とともにハワイの風景を形作っている。
（オアフ島）

5月1日
レイ・デー

メイ・デーへの語呂合わせで
はじまったレイ・デーは、
レイを通じてハワイの伝統文化を
振り返るという目的がある。
今では多くの人々の共感を得て、
ハワイの一大イベントになりつつある。
レイの花から放たれる香りには
アロハの心が込められている。
（オアフ島）

レイ◎頭にのせるレイ、首にかけるレイ、手首や足首につけるレイがあり、それぞれに名前がある。毎年この日に、ワイキキのカピオラニ公園でイベントを開催。

フラ◎神に捧げられる祈り（オリ）から歌（メレ）が生まれた。メレのうち、踊りや楽器の演奏を伴うものはメレ・フラと呼ばれ、今日のフラの土台となった。

5月2日
子どもたちの舞台

カウナカカイの夜は早い。
外灯ひとつない海岸沿いの道は、
日が沈むと頭上の星明かりだけが頼りだ。
ある日の夜、道の先が光にあふれた。
子どもたちのフラが開かれたのだ。
カメラが捉えた光景はドガの名作『踊り子』のように
印象深く、力にあふれていた。
（モロカイ島）

5月3日
女たちのマラソン

ホノルルで
ウィメンズ・マラソンが開かれた。
ランナーが走るという光景は
先頭集団だけで、後ろのグループは
ゴーイング・マイウェイ。
おやつを食べたり、髪の乱れを直したり、
ベビーカーを押しながら
世間話に夢中になったりと、
おもしろすぎて目が離せない。
もはやランでさえないけれど、
こんな競技もあっていい。
（オアフ島）

マラソン◎ハワイはマラソンが盛んで女性のレースも多い。「ハワイ・パシフィック・ヘルス・ウーマンズ」は5月上旬に開催。5キロと10キロのレースがある。

マヌオクー◎2007年にホノルル市の鳥に認定された。5月に開催されるフェスティバルでは、この鳥の習性を学んだり観察講座が開かれる。

5月4日
都会っ子

ワイキキのオフィス街を住みかとするマヌオクーは
「クー神の鳥」というハワイ語を持つ。
ハワイに定着したのは半世紀ほど前のこと。
都心に住みついたことから市民に愛され、
市の鳥に定められた上に
マヌオクー・フェスティバルまで開催される。
しかしこの鳥にとっては市民の熱愛もどこ吹く風だ。
夏のひとときを過ごすと、秋には諸島を去っていく。
(オアフ島)

5月5日
子どもたちの未来

ハワイでもゲーム漬けの子は多いが、
飛び込みなど地元ならではの遊びがある。
枝を片手にチャンバラごっこする姿は
日本と同じ。あちこちで目にする。
異なるのは自然を愛する心だろうか。
海も土地も天からの授かりもの。
人々はそれを信じ、疑うことがない。
（ハワイ島）

子ども◎ハワイ語でケイキと言い、キッズの代わりに用いる。レストランにはケイキ・メニューがあるが、子ども用とはいえ、それなりのボリュームがある。

コーヒーシャック◎コーヒー農園が運営するコーヒーショップが、ハワイ島の州道11号線沿いに点在する。眺望が自慢のこの店では、眼下に農園を望む。→P382

5月6日
恵みの雨

コーヒー農園に夕立が到来する。

コーヒー豆の栽培には寒暖の差と決まった時間の水分が必要で、サウス・コナにはその条件が揃う。

優れた豆はここでじっくり育つのだ。

コーヒーシャックと呼ばれる簡素なカフェで
農園に降り注ぐ雨を眺める。

挽きたてのコーヒーの香りが
湿った風と混ざり合って五感をくすぐる。

何げない、しかし至福のひとときが流れる。

（ハワイ島）

5月7日
島の傷痕

火山島は溶岩の噴出が止まると、
風雨や波浪によって削られ、
やがて再び海のなかに
没する定めにある。
ホーレイのシー・アーチは
そのようにしてえぐり取られた
島の痕跡だ。
海岸の風景とは
島の傷痕と言い換えることもできる。
（ハワイ島）

ホーレイ・シー・アーチ◎キラウエアのチェーン・オブ・クレーターズ・ロードを下った先に見られる溶岩と波の芸術。高さは27メートルほど。

5月8日
フェアリーテイル

オノメア◎ヒロから19号線を10キロほど北に走り、海へ下るワインディングロードへ。熱帯植物園やフルーツショップ、オノメア湾の見晴らし台などがある。

オノメアの
海の際までせまる森には
ツリートンネルがあり、
春から初夏には道ばたに
グァバやパッションフルーツが転がる。
それをついばむ
色鮮やかな鳥たちを見ていると、
おとぎ話の世界に
迷い込んだような気分となる。
（ハワイ島）

5月9日
バイク通勤

コハラ半島の北の付け根に
ワイピオ渓谷が広がる。
合衆国で最大傾斜と言われる急峻な坂は
徒歩でさえ大変な斜面だ。
ここをバイクで行き来する男がいる。
毎日のことなのにエンジンは大丈夫だろうか。
余計なお世話なのだが、ついつい心配になる。
（ハワイ島）

ワイピオ渓谷◎渓谷を下りる坂の最大傾斜は25度。下りきった先にはいくつもの滝が流れ落ち、タロイモ水田が広がる。

オールド・サドル・ロード
◎ハワイ島を東西に横断する旧道。現在はその南寄りにダニエル・K・イノウエ・ハイウェーが開通したため、静けさを取り戻している。

5月10日
虚空の輝き

オールド・サドル・ロードを
コナへ戻る道すがら、
それまで頭上を覆っていた厚い雲が後退して
黄金色の光が山道を照らし出した。
牧場脇の空き地に車を停めて西の海を眺める。
草原に野火がおこり、
立ち上がる濃厚な煙を刺し貫くように
光の帯が出現した。
（ハワイ島）

5月11日
フラの楽器

パフは、ハワイに新たな価値を植えつけた楽器だ。
楽器より神具と言った方がよいだろう。
これを叩くのは限られた祭司やフラの師であり、
それ以外の者が触れるのを許さなかったからだ。
神殿にはパフ専用の建物があり、
そこに安置されるほど神聖なものだった。
祭司を通じて神の声を聞き、パフを通じて、
それを身体に覚え込ませたのだった。

（ハワイ島）

パフ◎ココヤシやパンノキの幹の内部をくりぬき、サメの皮を張った楽器・神具。伝承ではサモアの神官が儀式用に持ち込んだとされる。

カホオラヴェ島◎マウイ島の南に位置し、主要諸島で最小の島。長距離航海を行った先住のハワイ人は、この島を聖なる島とし、海の安全を祈願した。

5月12日
聖なる石

島の最高峰である
プウ・モアウラヌイには、
この土地の象徴であるモアウラの聖なる石、
ワヒ・カプがある。
伝統的な長距離航海は、この石の割れ目から
漏れ出る光を方位の目印にして、
遠くタヒチやサモアへと旅立った。
(カホオラヴェ島)

5月13日
シンプルな構図

メインランドで生まれ、
その後に世界各地を放浪しながら
ハワイでも一時期を過ごしたペギー・ホッパーは、
今も変わらずポリネシアを原風景として
人物画を描き続けている。
極限まで線を排したシンプルな構図は、
日常のしがらみをそぎ落としたようにも見える。
彼女の作品をアロハの精神と見る者は多い。
（オアフ島）

ペギー・ホッパー◎ハワイを代表するアーティスト。作品はホノルルの空港にも飾られている。オアフ島のチャイナタウンにギャラリーがある。

アート・カフェ・ヘミングウェイ◎食への意識が高いカウアイ島では、オーガニックにこだわる店が充実している。この店はその先がけと言える。
→P382

5月14日
木洩れ日のヘミングウェイ

生涯の旅人であり、
酒と食を愛したヘミングウェイにちなみ、
この名を選んだと店主は言った。
作り置きはしない。オーガニックで地産地消。
もちろん味と見た目にもこだわる。
地元カパアに根ざしたこだわりの店は、
新参者ながら少しずつ
島での存在感が増している。
（カウアイ島）

5月15日
島々の素顔

ハワイの島々を描いたマグカップがある。
カウアイ島とハワイ島、それにマウイ島の特徴が
うまくまとめられていて長年のお気に入りだ。
ニワトリは先住のポリネシア人が持ち込み、
ネネはカナダのガンが留鳥《りゅうちょう》となった。
ザトウクジラは毎冬にアラスカから訪れる。
というように、関わりはそれぞれ異なるが、
結びつきの多様性こそハワイらしい。
（ハワイ島）

ハワイ諸島◎島々が海面に誕生したのは、カウアイ島がおよそ600万年前、オアフ島は350万年前、マウイ島、モロカイ島、ラナイ島は150万年前、ハワイ島は60万年前とされる。

フラ・カヒコ◎チャント（詠唱）と楽器に合わせて踊る古典フラ。アーラアパパなど、伝統的なフラの総称として用いる。対するモダンなフラはアウアナと呼ぶ。

5月16日

フラが体現するもの

伝統様式を表現するフラをフラ・カヒコと呼ぶが、
かつて歌舞伎がそうであったように、
フラには儀式的な側面だけでなく、
趣味的な要素も数多くあった。
王や神に捧げるフラがある一方で、
仲間内で踊るものやセクシャルなものも少なくない。
暮らしに関わるあらゆる事柄がフラとして表された。
それゆえ、フラとはハワイであり、
ハワイとはフラであると言える。

（ハワイ島）

5月17日

伝統の形

カウアイ島のシンボルの植物はモキハナで、
この花にちなむフラがある。
マイレの葉もフラには重要な植物として知られる。
いずれも強い香りを持ち、永くそれを保つ。
それゆえに刺激が強く、
モキハナのレイを身につけると、
首が赤くただれてしまうほどだが、
伝統のフラではつねにこの植物が用いられる。
(カウアイ島)

モキハナ◎ミカン科の植物で香りがよい。淡緑色の小さな花と実をつける。カウアイ島ではモキハナの実のレイをつけて踊るエマラニというフライベントがある。

フラ◎ハワイにおいてフラを習うとは、ピアノやバレエとは異なる。生き方そのものを習うということだ。大人に向かう階段のひとつでもある。

5月18日
まなざしの先

ラハイナで開催された
フラの定期イベントに顔を出した。
地元高校生のパフォーマンスは
フレンドリーで心温まるが、
動きはまだおぼつかない。
しかし、ステージのそばに陣取った女の子は、
その一挙手一投足を真剣に見つめる。
フラの世界には多くの後続が控える。
（マウイ島）

5月19日

重ね合わせた世界

ハワイではパフという太鼓とともに、
イプヘケを伝統楽器として重んじる。
「ふたつのヒョウタン」という意味があり、
互いの開口部を合わせた
砂時計のような形をしている。
ふたつのヒョウタンを重ね合わせることで
世界が完成すると信じられた。

（ハワイ島）

イプヘケ◎カラーカウア王が即位するとき、イオラニ宮殿で行われた戴冠式にはハワイ諸島中のクム（フラの師範）が集められ、イプヘケの儀式が行われた。

雲◎ハワイでは、春から秋は貿易風が、秋から冬はコナ・ウインドが吹く。しかし天気の移り変わりは早い。それゆえ雲の動きは激しい。

5月20日 雲のある風景

くっきりと鮮やかな雲は、
地上の景観に勝るとも劣らない。
強い日差しのなかに浮かぶ雲、
残照を受けて燃える雲、
朝日とともに立ち昇る水蒸気、
ハワイの風景は雲が作り出す。

（カウアイ島）

5月21日
ヒロの台所

ヒロの顔とも言えるスイサンは
「水産」という日本語から生まれた。
一世紀以上前に日系移民が立ち上げた
この会社は、多くの試練に直面してきた。
競合企業との紛争、大戦中の漁業停止、戦後の
大津波と船の破損、さらなる津波やハリケーン、
溶岩流、火災などだ。
その度に乗り越え、今日がある。
スイサンは移民たちのしぶとさを教えてくれる。
（ハワイ島）

スイサン◎ハワイ島最大の水産業者。ヒロの魚河岸にフィッシュマーケットがあり、鮮魚コーナーにはさまざまな自家製ポケが並ぶ。
↓P382

ポケ◎魚介の切り身を塩でもんだ保存食から考案された漬け。ごま油と、オゴと呼ばれる海藻入りが基本。人気シェフが参加するポケのフェスティバルもある。

5月22日
ポケざんまい

ヒロの魚河岸スイサンでは
アヒポケ（マグロの漬けのようなもの）を
販売するほか、その場でポケ丼を楽しめる。
しょうゆ味、わさび味、ごま味、
ふりかけ味などのアヒのほかにも、
アク（カツオ）、カマノ（サケ）、タコなどがあり、
20種を超えるポケが並ぶ。
ポケも移民文化の産物で、
ハワイの人々のソウルフードとして定着している。
（ハワイ島）

5月23日
朝食のとり方

トラックドライバーや散歩のおじさん、
訪れる人はさまざまで、
食べるものもそれぞれだが、
みな朝日で充電中かのように、
ゆっくりと食べ物を口に運ぶ。
まだ覚醒していない体を
いたわるかのように。
（ハワイ島）

ジ・アイル・カフェ◎スイサンに隣接する、ローカル御用達のテラスカフェ。オープンは朝5時半。早朝から多くの人たちでにぎわう。
↓P382

5月24日
社交場

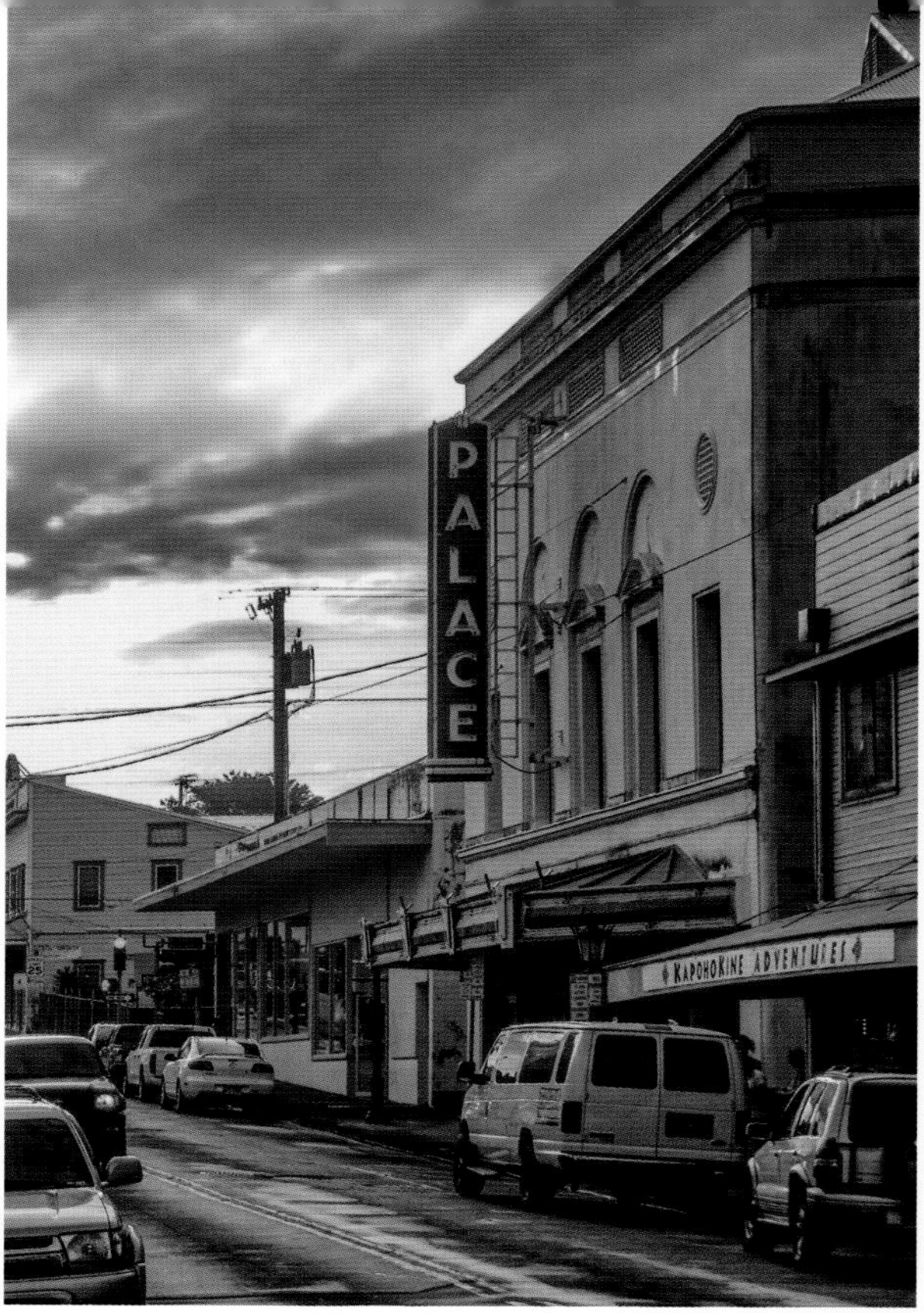

パレス・シアター◎1925年開業。映画だけでなく演劇、ダンス、食事を行う社交場であり、移民たちにとっては日本から来る文化を楽しむ場所でもあった。

二〇世紀初頭、サトウキビ農園で働く移民たちの町であるヒロには数少ない娯楽に映画鑑賞があった。パレス・シアターもそのひとつで、美空ひばりも少女時代に出演した。当時の劇場は次々と姿を消したが、このシアターだけは今も変わることなく人々に娯楽を提供し続ける。
（ハワイ島）

5月25日
静寂のカウナカカイ

夜のとばりが明け、
ハレアカラーの肩越しに日が昇る。
空と海が青一色に染まり、
波間の光が果てることなく瞬きをくり返す。
朝の輝きに今日のエネルギーをいただく。
（モロカイ島）

カウナカカイ◎モロカイ島の中心の町。内海は波や潮の変化が少ないため、鏡のように凪いでいる。冬期はザトウクジラが子育てに訪れる。

マニニ（シマハギ）◎諸島各地の浅瀬で見られる魚。マニニは縞という意味で、体に5、6本の横縞が走る。陸釣りでかかるのはこの魚が多い。

5月26日

魚の集会所

水族館で撮影したようなカラフルなショットは、アロハ・タワーに近い港の一角で撮った。群れているのはマニニ（シマハギ）と呼ばれる珊瑚礁に住む魚で、地元では食用にする。このほかにもブダイやアカマンボウなど、食卓にはカラフルな魚が並ぶ。

（オアフ島）

5月27日 海辺の光景

ヒロにある作家ニック加藤さんの
住まいでのスナップ。
タイミングが合わず
この日は会えなかったが、
気の利いた小道具が出迎えてくれた。
「おれはサーフィンやるときは
いつ帰るなんて考えてないからね」
そんなメッセージが隠れているようだ。
（ハワイ島）

ニック加藤◎もとミュージシャン。写真家・文筆家でもあり、ハワイの自然を愛する。旅人が好きで、小さなB＆Bを営む。人生の楽しみ方に精通する。

ジャム◎お勧めはパッションフルーツ味。モロカイ島カウナカカイのマーケットで販売されるジャムは、甘さは控えめながらコクがあり、日本人の口に合う。

5月28日 ジャムの話

これだ、という出合いがある。
ジャムの話だ。
カウナカカイのファーマーズ・マーケットでのこと。
無造作に置かれたサンプルのジャムを
口に含んだとたん、ストレートな果実感が
一瞬にして体にしみわたり、至福感に包まれる。
ローカルメイドは侮りがたし。
今なお、このジャムを超えるものに出合えていない。
（モロカイ島）

5月29日
オンリーワンのフラガール

モロカイ島のカウナカカイで開かれる
ファーマーズ・マーケットは
小規模ながら、いつも楽しみにしているイベントだ。
今回気になったのは写真のフラガールズ。
強烈な個性を発揮し、ぼくに買えと迫る。
（モロカイ島）

フラ人形◎諸島のなかで、もっともハワイの伝統文化にこだわるモロカイ島では、ハワイみやげの定番とも言えるフラ人形にも、手作りのこだわりを感じさせる。

プウ・コホラー・ヘイアウ
◎国立歴史公園になっており、復元されたハワイ最大のヘイアウ（神殿）がある。敷地内には、ほかにふたつのヘイアウが湾に向かって連なる。

5月30日
新たな役割

カメハメハ大王が諸国を統一するはるか以前から、
カヴァイハエの港は西の玄関口として重要な役割を担ってきた。大王はこの港に、
プウ・コホラーやマイレキニという
ヘイアウ（神殿）を建立した。しかしヘイアウとは
名ばかりで、敵の襲来を防ぐための要塞でもあった。
敵は彼の存命中は出現しなかったが、
死を見計らって訪れ、
わずか半世紀後に王国を消滅させた。
（ハワイ島）

5月31日 島の玄関口

カヴァイハエ港は
かたわらに造られたヘイアウよりも
古い歴史を刻んできた。
伝統文化の時代は
ハワイ島西部の玄関口として、
開国当時は牛の出荷基地として、
そして今は貨物船の停泊地であり、
物流と石油備蓄の要所として
つねにハワイ島の顔であり続ける。
（ハワイ島）

カヴァイハエ港◎サウス・コハラにある港。ハワイ島で造られた伝統航海カヌー、マカリイ号の停泊地。周辺はのどかな港町といった雰囲気が漂う。

ブーゲンビレア◎赤、白、黄、紫、黄緑、オレンジなど色数は非常に多い。花弁に見えるのは苞（ほう）で、白色をした本当の花はそのなかに隠れている。

6月1日
ブーゲンビレアのある光景

6月は花の盛り。
なかでもブーゲンビレアは可憐で、
ハワイではプルメリアと並んで
人気が高い。
しかし手近に適当な支えを見つけると、
それを覆いつくす。
じつにしたたかな植物でもある。
（カウアイ島）

6月2日

純白の花

コキオ・ケオケオの美しさは
ハワイの州花となった2種のハイビスカスに
勝るとも劣らない。
大輪の花と深紅の花柱をつけ、高貴な香りを放つ。
レイに見られるように、
ハワイの文化は香りとともに育まれた。
（カウアイ島）

コキオ・ケオケオ◎ハワイ州でもっとも知られた固有のハイビスカス。島ごとに形や大きさが微妙に異なり、大きなものは7、8センチの花をつける。

イリマ◎オアフ島の花。2メートルほどの木立になるタイプと、地面に蔓（つる）を伸ばして這うタイプ（イリマパパ）がある。庭木としても人気が高い。

6月3日

イリマの輝き

夜明け少し前に海岸へ行き、
まだ固く閉じられたイリマのつぼみを摘む。
小さな花を何百と集めてレイを編み、
日が昇るまでに仕上げてしまう。これを箱に詰め、
王が身につける少し前に光にさらして
開花のタイミングを調整する。首にかけられたレイは
時の経過とともに赤みを増し、赤と黄色が混ざり合う。
それはハワイの伝統社会でもっとも高貴な色とされた。
（オアフ島）

6月4日 知られざる花

コオラウ山麓のマノア地区には、
ハワイ大学が運営するライアン演習林がある。
研究所には膨大な数の絶滅危惧種があって、
繁殖のためにたゆまぬ労力が注がれる。
種子の受粉と生長の管理をするのだが、
教えられた植物の多くをぼくは知らなかった。
学名があるだけの希少な植物たちは、
今も実験室で生存を懸けた闘いを続けている。
（オアフ島）

ハロルド・L・ライアン演習林◎ハワイ大学付属の植物園として一般公開され、ガイドツアーも行われる。敷地内には絶滅危惧種を保護繁殖させる施設がある。

アヴァプヒ・クアヒヴィ◎花穂には淡い香りと粘りけのある花汁があり、伝統社会でシャンプーとして用いられた。

6月5日
森の水鉄砲

今どきの子どもたちは
植物で遊ぶことを知っているだろうか?
ハワイの子どもたちは
葉陰に隠れるようにして育つ
アヴァプヒの花穂を抜き取り、
これを握りしめて水鉄砲にしてしまう。
(オアフ島)

6月6日
高原の花

二〇世紀初頭、アメリカの捕鯨船が島に立ち寄るようになると、ハレアカラー西麓に広がるクラ地区は高原野菜作りが盛んになった。冷涼な気候が野菜作りに適していたからだ。クラ植物園はその特性を活かし、ハワイでは珍しい外来の園芸植物や野生植物を展示する。

（マウイ島）

クラ・ボタニカル・ガーデン◎マウイ島クラは高原にあるため、プロテア、ピンクッションなど冷涼な気候で育つ植物が展示される。

ギンケンソウ（アーヒナヒナ）◎ハレアカラー、マウナ・ケア、マウナ・ロアの2100メートル以上の高地で見られる。かつて人々は球状の葉をボールに見立てて遊んだため、絶滅に瀕した。

6月7日
ギンケンソウの誘い

ハレアカラーのクレーターを
縫ってのびるトレイルに
ギンケンソウの花が咲く。
十数年もの間、
灰白色をした球形で過ごし、
時が来ると一気に花茎を伸ばす。
めったに見られない開花期に遭遇すると、
何かよいことの予兆に思える。
（マウイ島）

6月8日
夕べに香る花

ホワイトジンジャーは、
日本ではハナシュクシャと呼ばれ、
寺社などで見られる美しい花だ。
甘い芳香は夕べに強くなる。
香りに誘われるように訪れるのは
鳥や虫だけでない。
子どもたちにとっても
花蜜がおやつ代わりとなる。
（ハワイ島）

ジンジャー◎ハワイにはさまざまな種類が自生する。ホワイトジンジャーの仲間にはイエロージンジャーやカヒリジンジャーがあり、いずれもよい香りを持つ。

オヘロ◎ブルーベリーの仲間。赤い花の後に赤や黄色の実をつける。甘みがあり、ジャムやアイスクリームにも加工される。

6月9日

ペレの許し

オヘロは溶岩大地に最初に根づく植物のひとつだ。
完熟した実は甘くジャムとなり、
葉はハーブティーや薬用として用いられる。
オヘロの実は火の女神ペレのものとされ、
勝手に採ると雨や濃霧を招いて帰り道が
わからなくなるとされた。しかし喉が渇いた際は
ペレに祈りを捧げることで採ることを許された。
何事にも抜け道を用意する。そこがハワイらしい。
（ハワイ島）

6月10日
害鳥と保護鳥

ハワイ固有の鳥アパパネの
最大の敵はメジロかもしれない。
体のサイズは似ているが、
集団で飛来するメジロを嫌い、
アパパネは縄張りを捨ててしまう。
日本では保護対象であるメジロが
ハワイでは侵略的外来種となる。
なんとも皮肉な話だ。
（マウィ島）

メジロ◎目の周りの白い輪が特徴で、英名も同じ意味がある。日本から持ち込まれた鳥で、ハワイ諸島では市街地から森の奥まで、広範囲に生息する。

カメハメハ大王◎この日はカメハメハ一世の生誕日で、ハワイは祝日となる。王は190センチの巨体で2トンの石を持ち上げたなど、人間離れした伝説が多い。

6月11日 大王の日

ハワイ諸島には
数体のカメハメハ大王像がある。
彼はことのほか模写を嫌った。
自分のマナ（霊的な力）が
吸い取られると思ったのかもしれない。
マナを守り通したからか、
彼は生涯にわたり、権勢を誇示した。
（ハワイ島）

6月12日
ダイビング・キッズ

子どもたちが
寄せる波に飛び込んでいる。
狭い水路に押し寄せる波の返しは強烈で、
あっという間に沖へ流される。
かなり危険だが、動ずる気配はない。
それが本能のように、
彼らは海の懐深くに抱かれる。

（カウアイ島）

飛び込み◎頭から飛び込むか、足からいくか、体全体か……。ハワイ語では「飛び込み」に多くの表現があり、その方法によって異なる単語が用意されている。

釣り◎絶海の孤島で暮らすハワイの人々にとり、釣りやカヌーは暮らしの一部となっている。さらにはサーフィンや飛び込みなど、海はつねに人々とともにある。

6月13日
釣りバカ一家

島には釣り好きが多い。
家族や親族が揃って海辺に集い、
釣りを楽しむ。
写真のチビ君は「ぼくにも釣り竿を持たせて」
と訴え続けていた。
パパは聞こえぬふりを決め込むが、
この後に根負けして竿を持たせた。
釣果のあることを祈りたい。
（ハワイ島）

6月14日

匂い立つ

ティアレは植栽だけでなく、
女性の髪飾りとしてもよく見られる。
形の美しさもあるが、
何よりもその香りを愛しているに違いない。
これぞハワイという香りが匂い立つ。
（ハワイ島）

ティアレ（タヒチアン・ガーデニア）◎ハワイでは女性は好んで髪飾りをつける。なかでもよく見られるのがティアレで、若い女性から老齢の女性まで人気がある。

ツリートンネル◎写真はワイキキのパキ・アベニュー。路線バスも走るので行き交う車は多いが、並木の外側にのびる歩道は広く、存分に花見を楽しめる。

6月15日

初夏を彩る並木道

モンキーポッドは
5月下旬から6月中旬にかけて
花の盛りを迎える。
高木なので花の位置は高いが、
ツリートンネルに入ると
甘い香りに包まれる。
(オアフ島)

6月16日
モンキーポッドのある景色

モンキーポッドが
ハワイに持ち込まれたのは
一九世紀半ばのこと。今ではすっかり
ハワイの風景に溶け込んでいる。
濃いピンク色から白色への変化に
華やかさを感じる。
（オアフ島）

モンキーポッド◎英名は果実が壺のような形をしていることから。15〜30センチにもなる暗緑色の豆果は甘く、粘りけのある褐色の繊維質で包まれている。

ハナペペ◎島の南海岸に位置する小さな町。100メートルほどの通り沿いには美術館や陶芸店、書店など小粋な店が並び、流行を発信している。

6月17日
巨大な鉢

ハナペペの町には
巨大なオブジェがある。
お役御免となったトラックをドレスアップし、
まるごと花壇にしたものだ。
荷台の上でブーゲンビレアが育ち、
その枝は天を目指す。
（カウアイ島）

6月18日
魚のレストラン

演出に唸らされるレストランがある。
入り口で名前を書いて待つと、
やがて順番が来て呼ばれるのだが、
案内人とともに巨大な壺のある狭い通路を経て、
海の見える庭を通り、暖簾をくぐって
ウエイティングバーに着く。
食事をとるまでまだ少し待たなければならない。
しかしこの仕掛けが魔法のようなスパイスとなり、
かくして料理は絶品と化す。
（マウイ島）

ママズ・フィッシュ・ハウス◎パイアの町の人気レストラン。大きな庭と海に囲まれたテーブルで、品数も豊富な魚料理を堪能できる。
→P382

6月19日 炎の花

トーチ・ジンジャー◎ショウガ科の植物。トーチ（松明）のような外観からこの名がついた。花をつけた茎の高さは1・5メートルほど。葉は人の背丈を越える。

深紅の大輪の花は、
茂みのなかでもひときわ目立つ。
花蜜が多いので鳥や昆虫だけでなく、
ゲッコ（ヤモリ）もやってくる。
彼らにはとっておきの
レストランに違いない。
（ハワイ島）

6月20日
10セントの花

ハワイに観光客が訪れはじめた当時、
みやげとして販売されていたレイのなかで
もっとも人気が高かったのはプア・ケニケニだった。
ハワイ語で「10セントの花」という意味があるように、
1輪が10セントとかなり高価だった。
強い芳香と、白からオレンジ色への変化が特徴で、
実も熟すにつれてさまざまな色に変化する。
色の変化と香りの両方を楽しむのだ。
（ハワイ島）

プア・ケニケニ◎近くを通るだけでも漂う甘い芳香が特徴。レイ以外にもココナッツ・オイルの香りづけなどに使われる。庭木としても人気がある。

夏至◎ワイメアの日の入り時刻は19時17分。ちなみに、太陽が真上を通るために影が消えるラハイナ・ヌーンは、夏至を挟んだ5月と7月の年2回訪れる。

6月21日
光が灯るころ

屋根の縁に取り付けられた電球が煌々と輝く。
ここまで明るさが必要かと驚いたが、
少し離れて眺め、合点がいった。
周辺に街灯はなく、頭上に伸びる木々さえ
半ば闇に溶け込んでいる。
光は圧しかかる闇への抵抗なのだ。
夏至のこの日を境に
夜はさらに勢いを広げる。
（カウアイ島）

6月22日 鈴なりの実

マンゴーは巨樹となり、
数千の実をつける。
処理に困るほどだが、
食べ過ぎると
アレルギーを起こすことがある。
とはいえ、ハワイでは
子どもたちのおやつ代わり。
食べ過ぎなど気にはしない。
(カウアイ島)

マンゴー◎一九世紀にもたらされて新品種が続々と登場。現在約55種類が流通し、野生化したものも多い。この日、ホノルルでマンゴーイベントを開催。

マンゴー◎葉はすべて垂れ下がるので、樹木の外観は全体に丸みを帯びる。この特徴のせいで遠めにもわかりやすい。葉にも強い香りがある。

6月23日
香り漂う森

渓谷を縫って流れる
ワイピオ川を遡ると、緑豊かな森が現れる。
太古の昔からそこにあるような
うっそうとした森だが、渓谷は外来の植物が多い。
写真の樹木はほとんどがマンゴーで、
この季節になると無数の果実をぶら下げ、
熟して落ちた果実によって
あたりは甘酸っぱい香りに包まれる。
（ハワイ島）

6月24日
王家の花

オレンジや黄色の
華やかな花をつけるオオゴチョウは
ハワイが王国だった時代に持ち込まれた。
花色が王族のシンボルカラーであったことと、
フリルのある艶やかで高貴な姿から
ハワイ語で「王家の花」と呼ばれる。
花はわずかに蜜の香りを放ち、
レイにも用いられた。（オアフ島）

オオゴチョウ（オハイ・アリイ）◎西インド諸島原産のマメ科の植物。漢字では黄胡蝶と表記するが、黄色種のほかにも赤色やオレンジ色などの園芸品種がある。

ベイリーハウス・ミュージアム◎マウイ島歴史協会が運営。すでに絶滅したとされるハワイミツスイの一種、オーオーの剥製など、貴重な資料が展示されている。

6月25日

歴史を辿る

山あいにこぢんまりとした博物館があるのだが
ここでしか見られない展示物が多いので
何度も訪れている。
お気に入りは外庭に置かれたカヌーだ。
光沢のある大きな船体を見つめていると
心はいつしか大海原に誘われる。
（マウイ島）

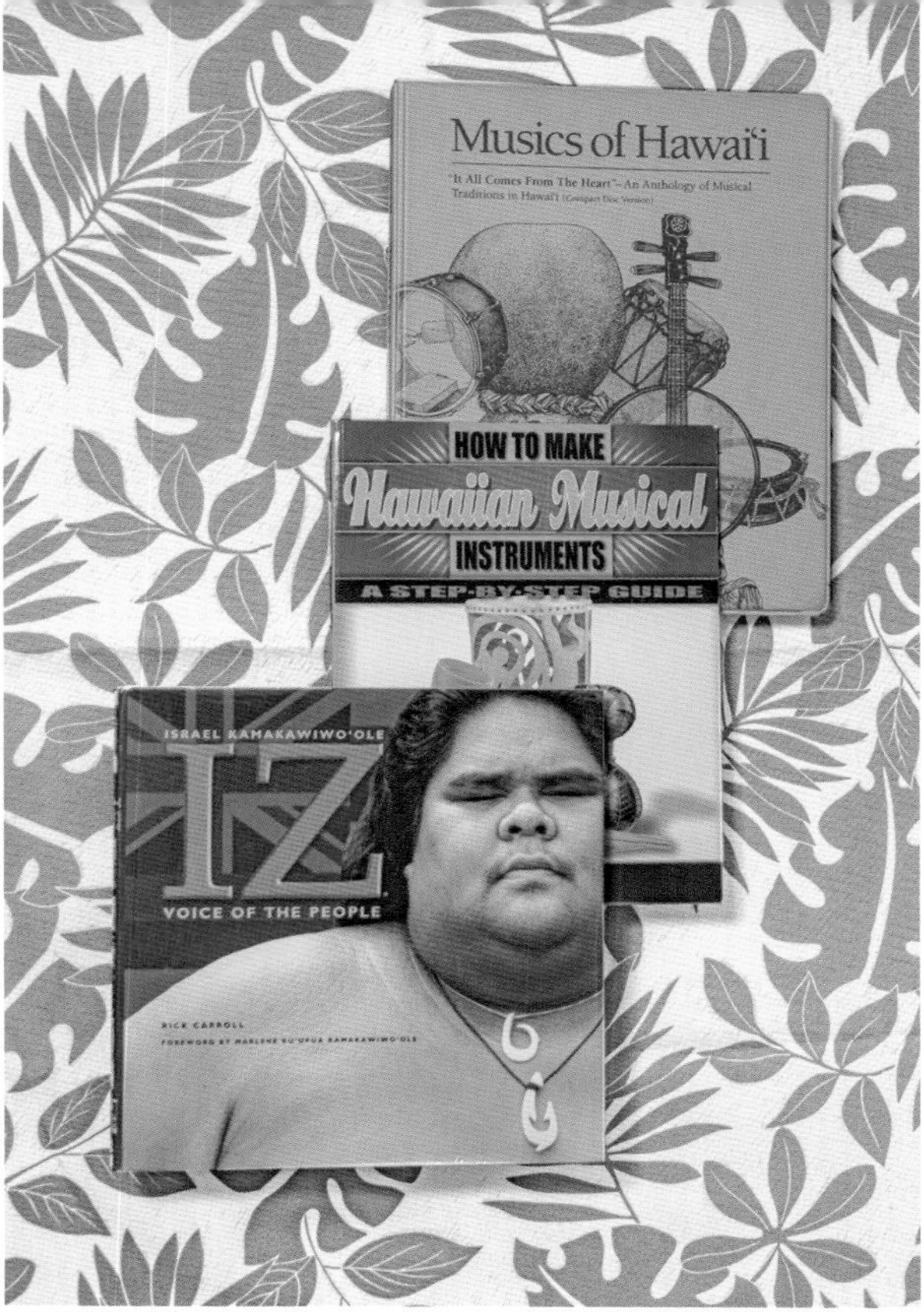

6月26日 刻み込まれた歌

澄みわたる高音に酔うファンの多かった
イズ・カマカヴィヴォオレ。
1997年のこの日、若すぎる彼の死に
ハワイ全島が嘆き哀しんだものだ。
今も話題が彼に及ぶと、
そのときどきに写真集を開く。
（カウアイ島）

イズ・カマカヴィヴォオレ
◎ハワイを代表する歌手。マカハサンズ・オブ・ニイハウの時代だけでなく、独立後も多くのヒット曲をリリースした。

ポイプー・ビーチ◎南海岸最大のビーチ。ハワイモンクアザラシやアオウミガメのほか、海ではハワイ州の魚であるフムフムヌクヌクアプアアを見られる。

6月27日
犬と子どもと水遊び

ポイプー・ビーチは
いつも大勢の海水浴客でにぎわう。
子どもたちは出会った別の子たちと仲よくなり、
奇声を発してビーチを駆け回る。
ところがその流れに乗れず、
一人波打ち際に立ちつくす男の子がいた。
彼が気になったのか、小犬が近づき、
心配そうに見つめていた。

（カウアイ島）

6月28日
ヘッドホンのある光景

スターバックスはすっかりハワイの景観に溶け込んだ感がある。ゆったりとした座席とBGMのジャズが、客の心を落ち着かせるのだろう。ハワイ大学ヒロ校に近いこの店ではそんな環境を求める学生であふれ返る。あるとき、ヘッドホンをつけて仕事をする店員を見つけた。彼も自分なりのこだわりで仕事を楽しんでいるのかもしれない。

（ハワイ島）

ハワイ大学（ハワイ州立大学機構）◎オアフ島にマノア校とウエストオアフ校、ハワイ島にヒロ校の3カ所があるほか、2年制のカレッジが諸島に7カ所ある。

ハウ◎ハウの樹皮は極めて強靭で、極細に裂いた樹皮を三つ編みにしたロープで車を引くこともできる。水にも強いため、伝統文化では漁具として用いられた。

6月29日

移りゆく色

ハウの花は、
朝の咲きはじめは明るいクリーム色だが、
次第に黄色となり、
夕暮れにはオレンジ色に変わる。
そして日が落ちる頃に落花すると、
燃え上がるような紅色となる。
（マウィ島）

6月30日
極上のハニー

マヌカハニーは高い人気を誇る。
高い抗菌作用がその理由だが、
キアヴェのホワイトハニーは
それ以上の効果がある上に、
控えめで上品な味という点でも優れている。
加熱処理や濾過をしていないホワイトハニーは
訪れると必ず購入する定番のみやげだ。
（ハワイ島）

ホワイトハニー◎写真は、ハワイ島カムエラにあるレア・ハワイアン・ハニー・カンパニーのキアヴェハニー。紅茶（なかでもアールグレイ）との相性もよい。

7月1日

誕生する大地

強烈なオレンジ色の光を放つ溶岩が
海に押し寄せる。波はこれにあらがい、
火山ガスと入り混じって盛大に水煙と噴煙を上げる。
溶岩はたまらず黒く冷え固まるが、
途切れることのない後続の溶岩がその上に押し重なり、
少しずつ大地を広げる。
ハワイ島は今もこのようにして成長を続ける。
60万年前にはじまった火の女神ペレの壮大なセレモニーは、
この先も数十万年は続く。（ハワイ島）

ボルケーノ◎ハワイではキラウエア火山を含むハワイ火山国立公園一帯をこの名で呼ぶ。マウナ・ロアとフアラライも活火山だが、これらは地名で呼ばれる。

カラパナ◎キラウエア火山の東麓にあった集落。1990年の噴火で流れ出した溶岩が一帯をのみ込んだ。火山活動は今も続き、島の地形を変え続けている。

7月2日

海を走る溶岩

ハワイ島のカラパナ周辺に
流れ落ちる溶岩は、
海水に接して小規模な水蒸気爆発を起こす。
溶岩内部には多量の水分が含まれているため、
飛び散った溶岩の一部は水蒸気を噴出しながら
ホバークラフトのように水面を走る。
（ハワイ島）

7月3日
重なり合う大地

どれほど大量の溶岩が流れてもその景観は儚い。
ほどなく後続の流れがそれを上塗りするからだ。
くり返される営みが
今日の溶岩大地を造り上げた。
（ハワイ島）

溶岩平原◎ハワイ火山国立公園内を南下し、森を抜けると溶岩平原が現れる。黒一色の世界も、注意深く観察するとさまざまな形状や色合いの溶岩に気づく。

7月4日
独立記念日と旗

独立記念日◎ハワイは１９５９年に合衆国50番目の州となった。独立記念日のこの日、一時禁止されていた花火が再開され、街は祝賀ムードに包まれる。

ハワイ州は旗に関して
複雑な背景がある。
合衆国旗とともに掲げられる州の旗は、
英国との関わりが深かった。
そのため、ハワイ王朝を反映して
ユニオンジャックが描かれる。
このほかに州の独立を目指す組織は
黄色地の旗を用意する。どの旗であれ
融和こそハワイの未来だと信じたい。
（ハワイ島）

7月5日
消えた温泉

ハワイ島では火山活動が続くが、温泉は少ない。理由は玄武岩質の溶岩にある。玄武岩は気泡が多く、水をためにくいためだ。しかし数少ない例外がポホイキにあった。規模は小さく湯もぬるいが、れっきとした温泉だった。残念ながら2018年の溶岩流により埋められてしまった。

（ハワイ島）

ポホイキ◎火山活動が終息し、溶岩流が流れたポホイキの海に、数週間で広大な黒砂海岸が生まれた。今、新たな観光スポットとして人々を呼び戻している。

7月6日
夜を極める

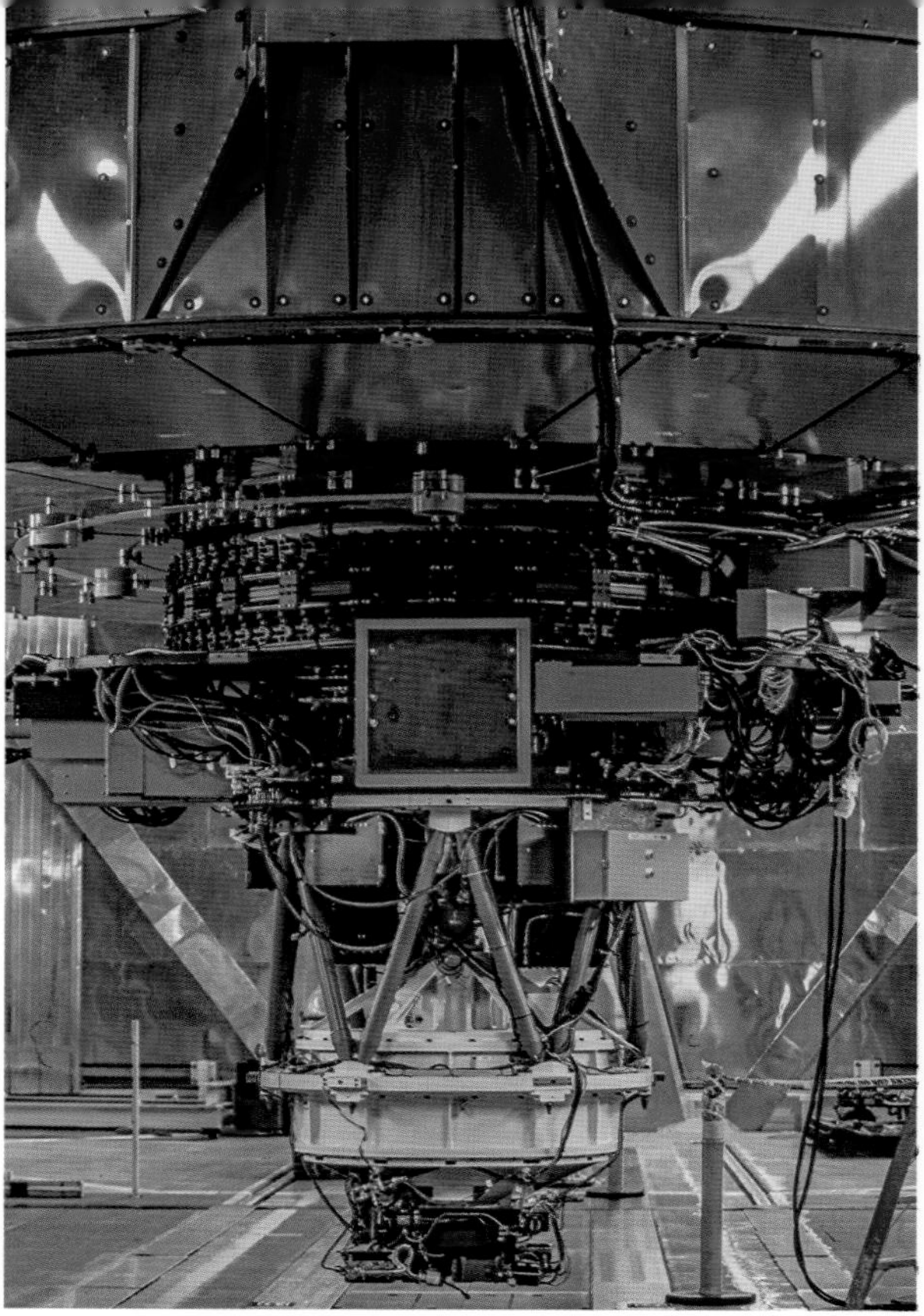

すばる望遠鏡◎口径8・2メートル。1991年に試験観測が開始された当時、単体の鏡として世界最大とされた。諸事情によりドーム内の見学は2020年現在休止中。

マウナ・ケアの頂に強い西日が当たる。
すばる望遠鏡は光の熱量を計算し、
予想気温や風速など
さまざまなデータを集め続ける。
望遠鏡の内と外の温度差を
ゼロに近づけ、望遠鏡に生じる
ごくわずかなゆがみを取り払うのだ。
巨大な鏡は漆黒の夜に向けて
準備に余念がない。
（ハワイ島）

7月7日
光の帯

夜空を切り開いて天の川が現れる。
星々は密生し、判別すら難しい。
さそり座の尾の先には、
ハワイでティーポットと呼ばれる星座がある。
中国では箕宿《みぼし》、
アラビアではダチョウと呼ばれる。
さまざまな思いが星々に注がれる。
（ハワイ島）

天の川◎さそり座や射手座のあたりでもっとも濃く、美しく見える。そのベストシーズンは夏から初秋にかけて。日没後早い時間帯に、南の方角に現れる。

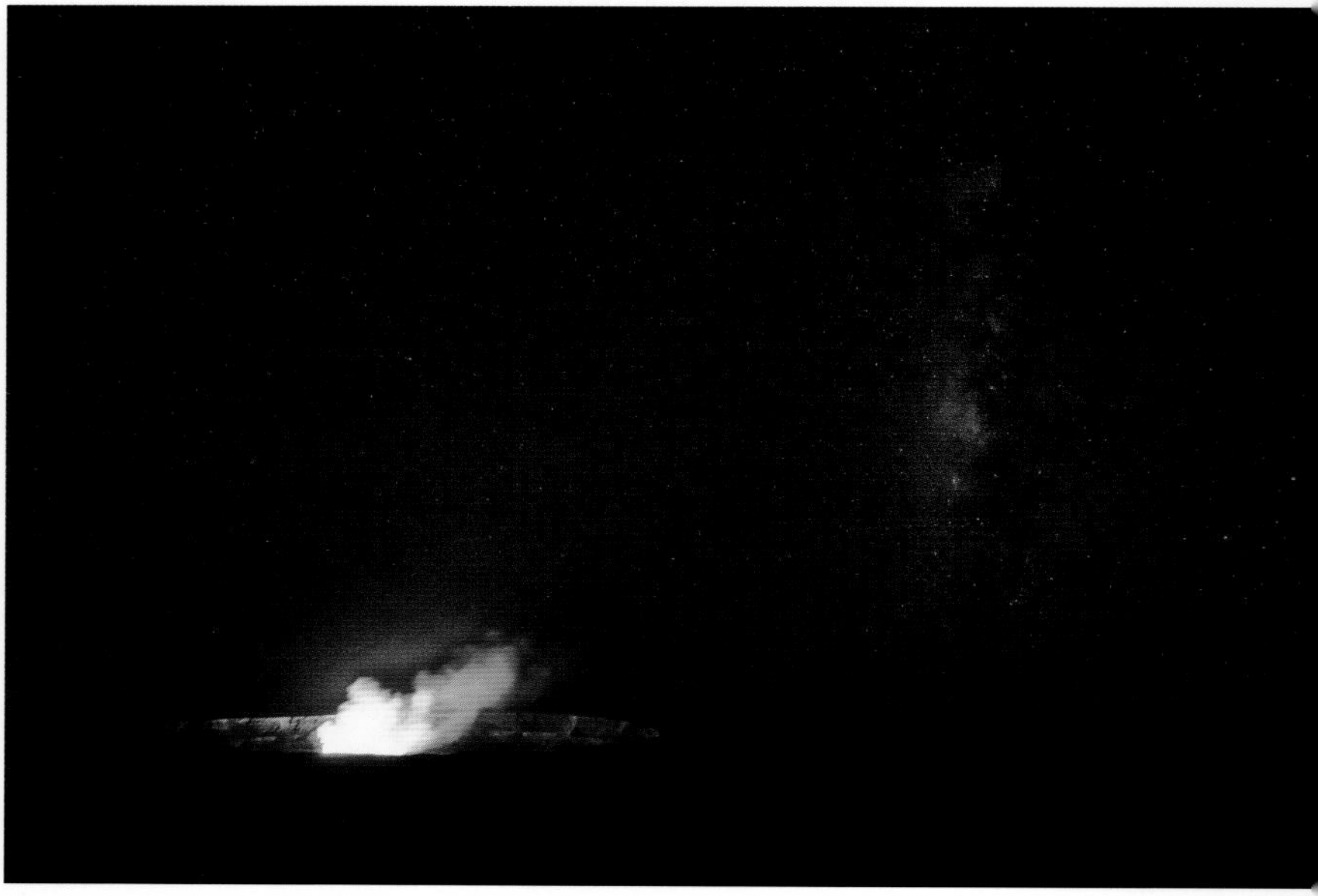

ハレマウマウ◎つねに活発な活動を続け、２０１８年の噴火では大きくその姿を変えた。写真はジャガー・ミュージアム（その後閉鎖。移転の予定）からの景観。

7月8日
夜空の灯火《ともしび》

星々がきらめく夜。
銀河が空を貫く頃に、キラウエアの
ハレマウマウから立ち昇る火山ガスは
ひときわ輝きを増す。
輝きは夜の闇に紛れ、
その先に天の川が光の帯を連ねる。
（ハワイ島）

7月9日
ペレの住みか

ペレが住むとされるハレマウマウ・クレーターは、
ここ1年ほどの活動で大きくその様相を変えた。
延べ面積はこれまでの倍以上となり、深さも増した。
キラウエアはこれまで絶え間なく
その表情を変えてきたのだから、
新しい景色もまた、やがて訪れる次の活動までの
つなぎでしかない。目の前に広がる景色が
明日もあるとは限らない。
一期一会を大切にしたい。

（ハワイ島）

ボルケーノ・ハウス◎クレーターを見降ろせる絶景ホテル。早起きすると、窓越しのオヒアの森に、アパパネなどハワイ固有の鳥が集まる様子を楽しめる。

7月10日 光の子

アマウ◎比較的高地に見られる木性シダ。幹のように見える部分からはデンプンを、表皮からは赤い染料を採ってカパ（→P１０３）の染色に用いた。

シダは暗くじめじめとしたところに
育つように思えるが、アマウは光を好む。
溶岩に覆われ、日陰など見当たらない
大地に最初に根づく植物のひとつだ。
広がったばかりの若葉は朱色に、
少し生長すると黄緑色に、
生長しきると写真のような深い緑に、
そして再び黄みを帯び、
赤みを帯びて一生を終える。
アマウは光とともに生き続ける。

（ハワイ島）

7月11日 母なる森

オヒアはハワイ州で
もっとも広く分布する樹木で、
レフアという名の花をつける。
花は蜜を吸うアパパネに
受粉の手助けをしてもらう。
ハワイの自然では
太古から変わらぬ営みが
くり広げられてきた。
（ハワイ島）

レフア（オヒアレフア）◎オヒアの花。炎に見える赤は火の女神ペレの化身とされた。ほかに黄、オレンジ、クリーム色がある。レフアからは蜂蜜も作られる。

7月12日

地底の流れ

溶岩の流れはときに地底世界を出現させる。
内部は溶岩が流れ去った後の
抜け殻のように見えるが、
高温の溶岩は多量のガスを排出し
上下左右に空間を押し広げる。
諸島のそこかしこにこのような空間が眠る。
（ハワイ島）

火山洞窟◎ハワイ火山国立公園のなかにあるサーストン・ラバ・チューブ。ハワイ島には、ほかに世界一長い火山洞窟と、世界一深い火山洞窟がある。

7月13日
レンジャーの日々

国立公園にはレンジャーが常駐する。
彼らの日々は忙しい。自然環境の観察や
違法行為の監視、観光客への対応と災害措置、
学習や法整備、外来動植物の駆除、
各種資料の作成、公園を維持するための
収益の確保や施設の維持など枚挙にいとまがない。
しかしどれほど多忙でも決してユーモアを忘れない。
この日もハレマウマウの噴煙を前に
身ぶり手ぶりで客たちを楽しませていた。

（ハワイ島）

ハワイ火山国立公園◎キラウエア火山を有する国立公園。広大なキラウエア・カルデラと、噴煙を上げるハレマウマウ・クレーターがよく知られている。

キラウエア・イキ◎1959年の大噴火で、頭上に500メートル以上も溶岩を吹き上げた。クレーターを歩くトレイルでは、噴出する火山ガスも観察できる。

7月14日 ガラスの道

キラウエア・イキ・クレーターを縫う
トレイルは白く輝く。
溶岩の主成分は玄武岩だが、
この岩に含まれるガラス成分が
行き交う人々の体重で細かく砕かれ、
光を乱反射するのだ。
ガラス成分は溶岩の半分ほどを占める。
そのように考えると、ハワイ諸島は
ガラスの島と言えなくもない。
（ハワイ島）

7月15日
噴火の形

高温のマグマが海面の近くで海水に接触すると
マグマが水蒸気爆発を起こす。
ダイヤモンドヘッドではとてつもない破壊力が周囲に
均等にかかり、真円に近い形で山体を吹き飛ばした。
ホノルルにはパンチボウルやココヘッド、
ココ・クレーター、ハナウマ湾など、
噴火の跡が数多く残されている。
ホノルルとは「静寂の港」を表すが、
火山銀座こそふさわしい。
（オアフ島）

ダイヤモンドヘッド◎海抜232メートル、火口の直径は1キロ以上で爆発の激しさを物語る。山頂へは40分ほどで、展望台からクレーターが見渡せる。

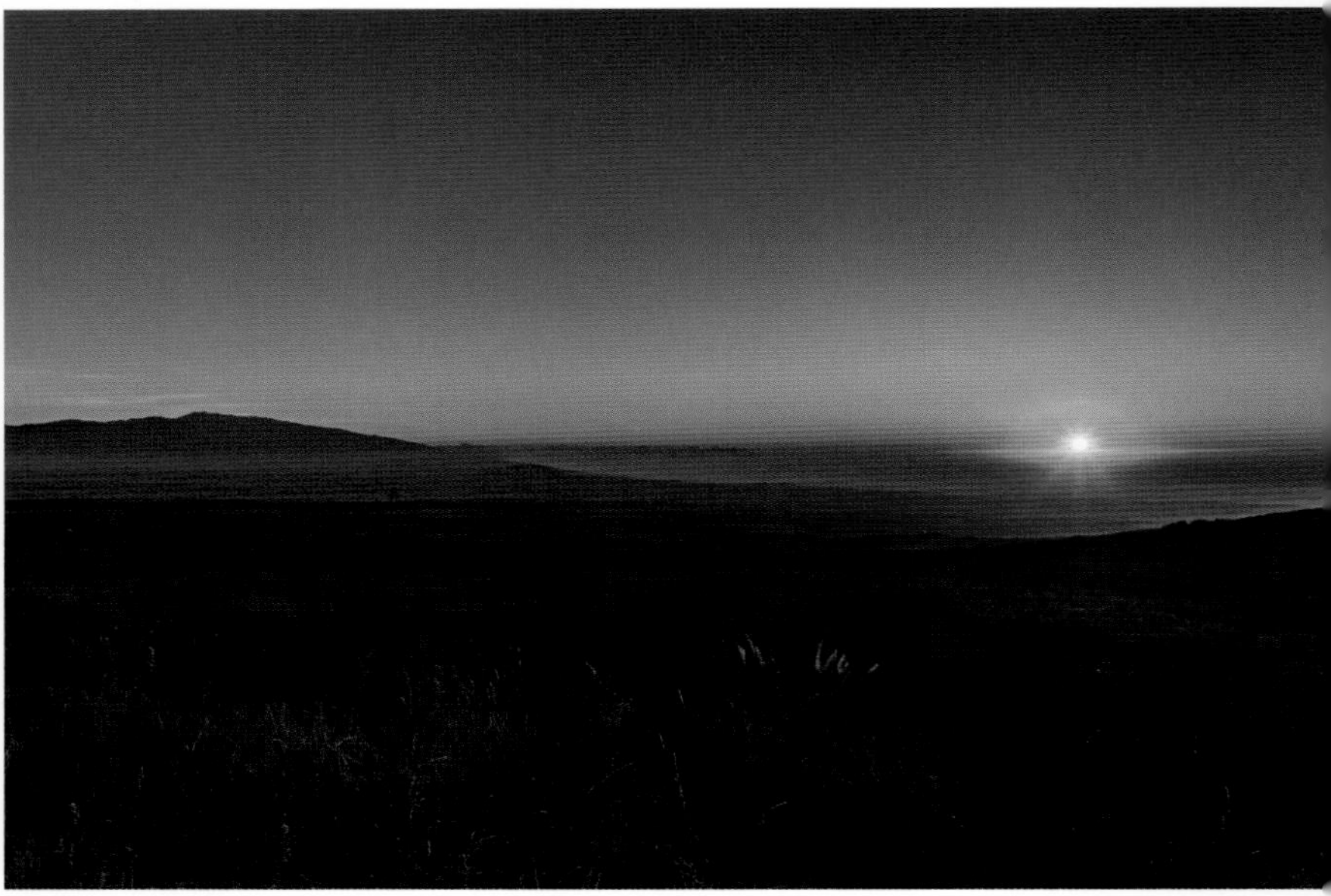

ボグライン◎火山ガスは太陽光に興味深いエフェクトをかけ、光が十字架のように広がる。ガスの成分により、空の色を黄色やグレー、黒に変えることもある。

7月16日 ノース・コナの日没

ひなびた光景が残るサドル・ロードが好きで、
ときおり道端に車を停めて日没を眺める。
高原からは水平線と地平線のほかに、
ボグライン（火山ガスが作る境界線）と
勝手に名づけた光の層を見わたせる。
高みから見下ろすサンセットは、
太陽がボグ層に沿って光のラインを伸ばす
不思議な光景となって広がる。
（ハワイ島）

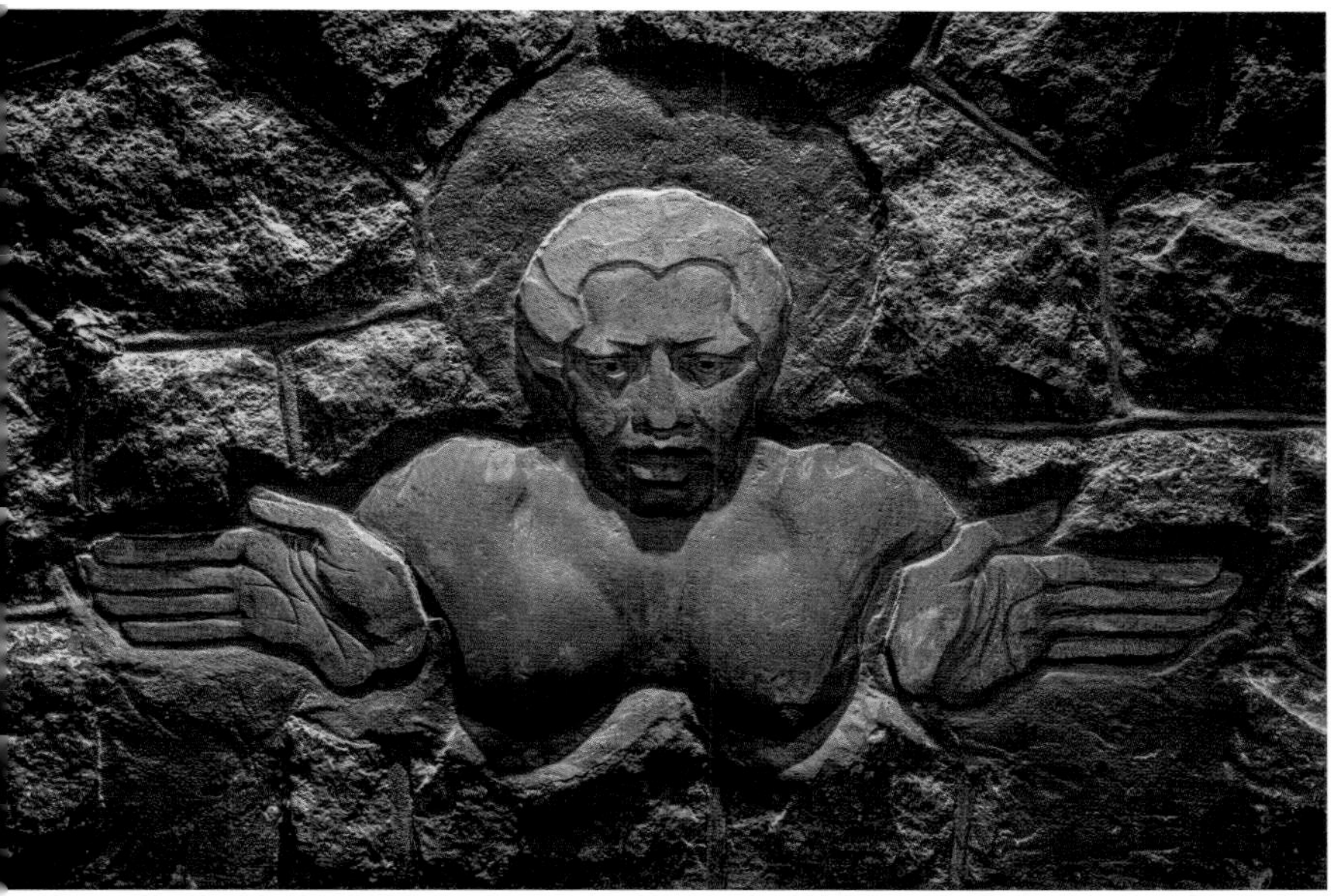

7月17日
ペレの暖炉

火山国立公園の
ボルケーノ・ハウスには
200年間燃え続ける火がある。
暖炉には火の女神ペレのレリーフが刻まれ、
炎を見守ってきたのだという。
何度か火が消えているのを目撃したが、
どうやら細かなことは
気にするなということのようだ。
（ハワイ島）

ボルケーノ・ハウス◎1824年にハワイ島の首長が草葺きの小屋を建てたのがはじまり。現在は四代目で、暖炉は何度か作り替えられている。

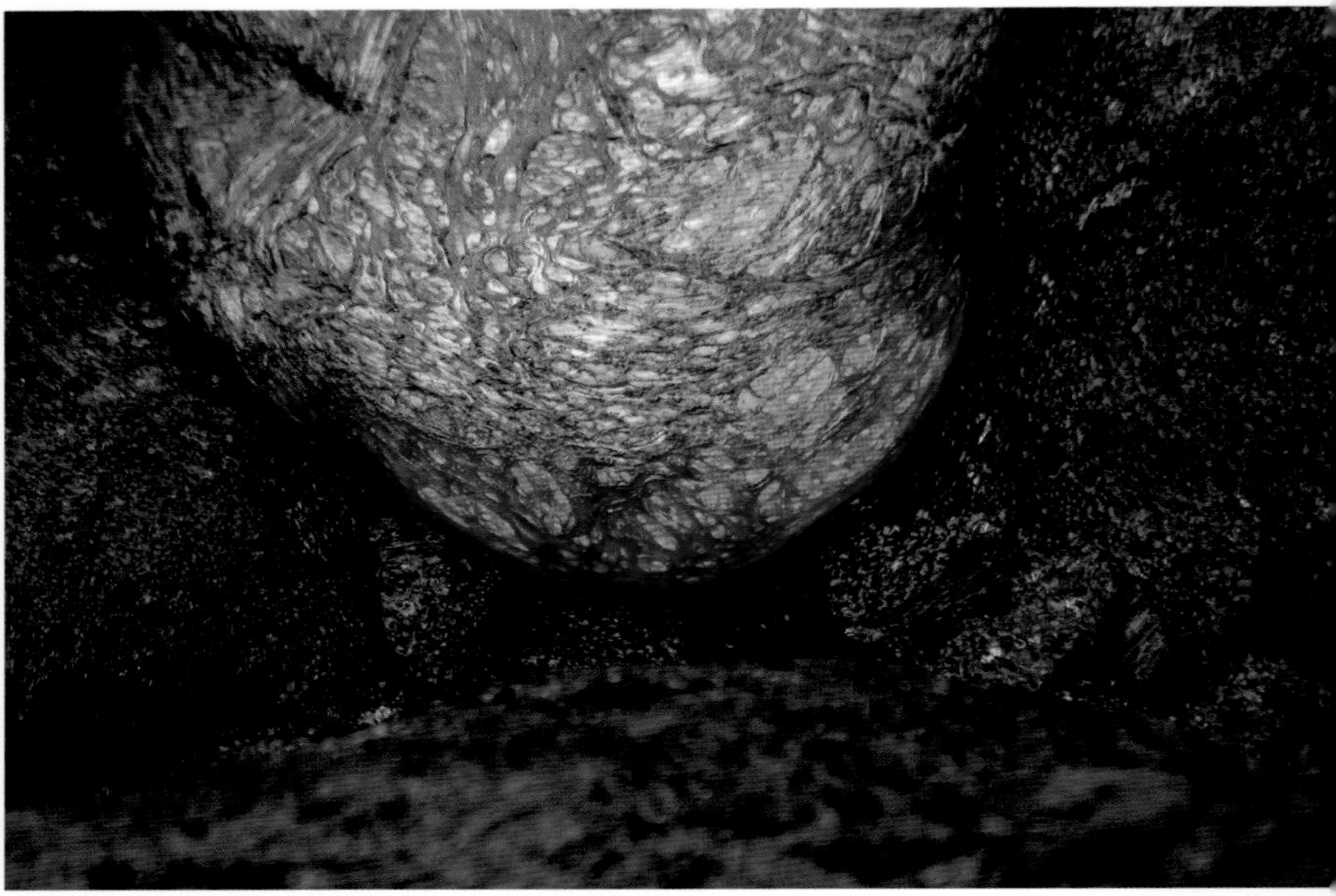

溶岩◎比較的なめらかで光沢があり、黒い色をした溶岩はパホエホエ。これに対し、ガサガサとしていて光沢がなく、赤い色をした溶岩はアアと呼ばれる。

7月18日

流れる溶岩

溶岩流が集落を呑み込むような災害には特徴がある。
流れが緩やかなので、運がよければ
家財道具をすべて持ち出せるが、
決して焼失を止めることはできない。
溶岩がゆっくりと自宅を襲うまで何日も待つのだ。
火の女神ペレの意志なのだという考えもあるが、
多くの住人にとっては
不治の病の患者を見送る儀式に似ている。
(ハワイ島)

7月19日
溶岩の生成物

スポンジのようなこの塊は
レティキュライトと呼ばれ、
冷え固まった溶岩流の割れ目などに付着する。
繊細で複雑な構造は自然の造形物とは思えないほどだ。
粘性の低い玄武岩溶岩が激しく発泡し、
泡の状態のフレーム部分を残してできる。
火の山には、黒く硬いという溶岩の
イメージを超えたさまざまな造形物がある。
（ハワイ島）

レティキュライト◎マグマが発泡して生じる気泡が互いに接触した後、気泡壁が破裂して骨格となる部分だけが残ったもの。もっとも軽い火山岩とも言われる。

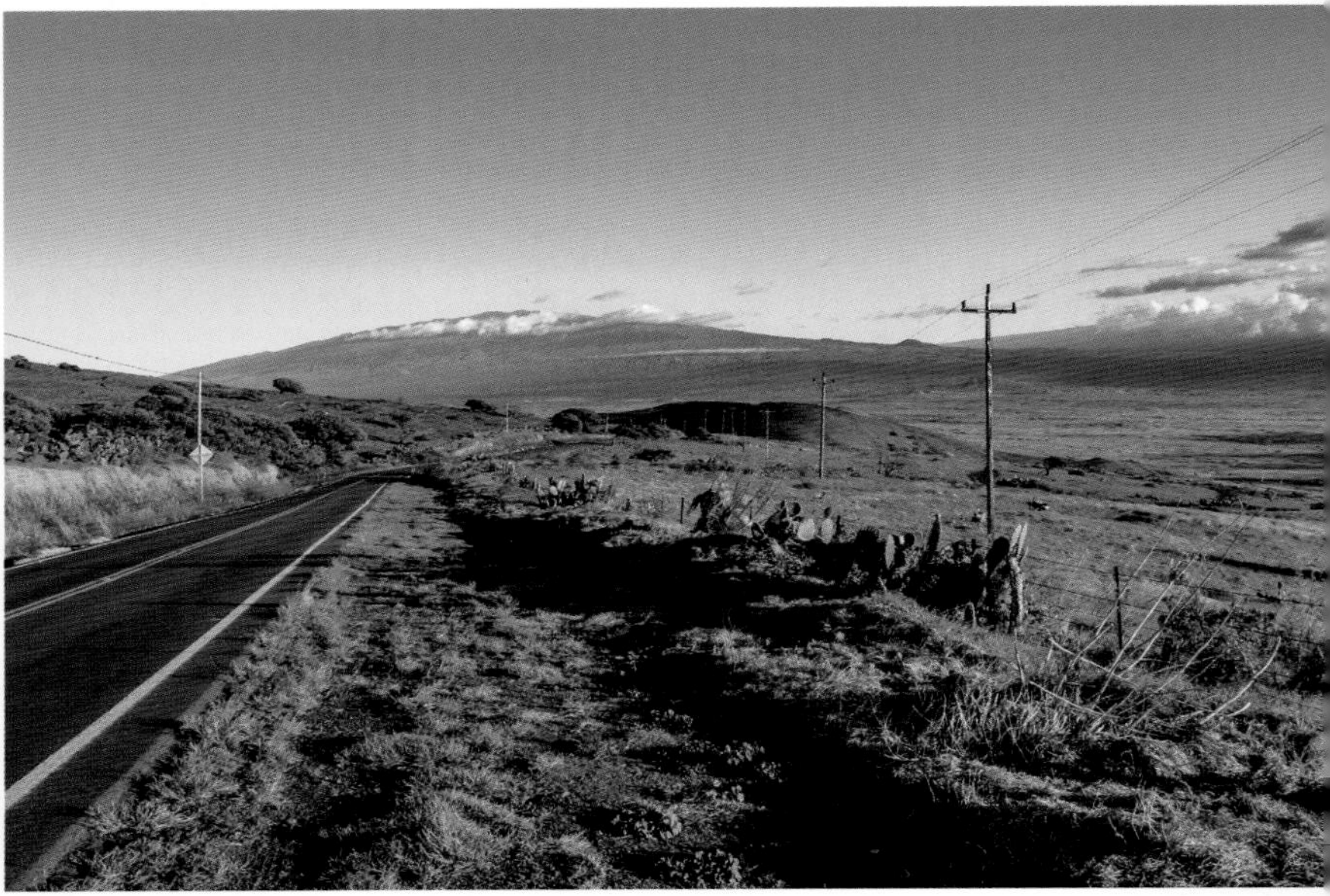

コハラ高原◎高原にあるコハラ・ランチはハワイ諸島最古の牧場として時を刻んできた。カメハメハ大王誕生の地もここにあり、今も特定の一族が守り続ける。

7月20日

高山を望む

コハラ高原に広がる牧場を縫って
ワインディングロードを下る。
正面にはマウナ・ケアが、
その右手には少し雲に隠れてマウナ・ロアが
雄大に裾野を広げる。
ハワイ島最古の地層はどこまでも緑に覆われ、
この島ならではの荒々しい溶岩の光景とは無縁だ。

（ハワイ島）

7月21日
カラパナの心

前世紀末のこと、
カラパナの町に溶岩が押し寄せ、
町を覆いつくそうとしていた。
住民たちはスター・オブ・ザ・シーと呼ばれる
地元の教会だけは残そうと、
建物をそっくりこの場所に避難させた。
火の女神ペレの嫉妬も人の英知には
及ばなかったということかもしれない。
（ハワイ島）

スター・オブ・ザ・シー・ペインテッド・チャーチ◎内壁に宗教画が描かれペインテッド・チャーチという愛称を持つ。パホアから32キロの黒砂海岸近くにある。

7月22日
夏の盛り

シャワーツリー◎インド原産のマメ科の植物。花の美しさだけでなく香りもよいため、住宅の庭や庭園、街路に植えられている。花のピークは7月〜8月。

シャワーツリーの花が咲くと
ハワイは夏の到来となる。
この木はマメ科ゆえに
巨大なサヤをつける。
ところが最近は
園芸品種でサヤをつけない
レインボー種が増えている。
街路に落ちた豆果を回収する
トラックはいずれ懐かしい
風物詩となるに違いない。
（オアフ島）

7月23日
虹色の花

シャワーツリーにはゴールデン、ピンク、ピンク&ホワイトなどのほかに、カウアイ島ポイプーのムーンライトシャワーなど地元で作られた園芸品種もある。しかし、色とりどりに咲くレインボー種にはつい目を奪われる。今ではもっとも多く見られるようになり、ホノルル市の街路樹にも指定されている。

（オアフ島）

レインボーシャワーツリー
◎ハワイでもっとも人気がある街路樹のひとつ。ゴールデンとピンク&ホワイトを交配して生み出された、ハワイ産のハイブリッド。

サンセット◎モロカイ島西端とオアフ島東端では黄色みが強く、カウアイ島南部やハワイ島西部では赤みが、ハワイ島南部ではオレンジ色が強く見える気がする。

7月24日
黄色のサンセット

栈橋の先に日が沈む。
空は燃え立つような黄金色となり、
雲や波をも染め上げる。
北西から強い貿易風が吹くと
大気中のちりが払われて乾燥し、
本来は赤色を発する大気の反射が弱まって
黄色やオレンジ色が支配的となる。
……と分析しながら夕日を観賞しているわけでは
もちろんない。
（カウアイ島）

7月25日 マグマを採り出す

地底の奥深くにはマグマがたまる場所がある。そこから地表へ上昇し、溶岩となって噴き出す。このときの溶岩は地球内部の状態を不純物なく運び出すから、米国地質調査所はほぼ毎日これを採取し、性質の変化を調べている。噴火口では溶岩とともにガスや粉塵が舞い、雪が舞い散るように火口一帯をくすませる。危険で体力のいる作業が日々くり返される。

（ハワイ島）

噴火口◎キラウエア火山ではハレマウマウ、プウオーオーなどの噴火口が知られる。火山活動の中心は東にのびるイーストリフトゾーン沿いに移りつつある。

キラウエア火山◎30〜60万年前に海底に出現し、5〜10万年前の間に海上に姿を現した。造山活動は数千〜数万年前まで続いたと言われている。

7月26日
変わり続けるということ

キラウエアは活発な火山活動を通じて
つねにその形を変えてきた。
2018年の大噴火は
山頂周辺の山容を激変させるほどの噴火だったが、
決して収束ではない。
活動は絶えることなく続き、
これからもその様相を変えていくことだろう。
（ハワイ島）

7月27日
お気に入りのスイーツ

アサイーは高カロリーという理由で
かつてはサーファーが食べていた。
当時は甘みもなく
単なる栄養補給だったようだ。
これほど人気が出ると知っていたら
彼らはいち早く店を出していただろう。
（カウアイ島）

リトル・フィッシュ・コーヒー◎ハナペペにあるカフェ。カウアイ島産コーヒーや地元で採れるフルーツをふんだんに使ったスムージーが人気。↓P382

ワイピオ渓谷◎コハラ半島の付け根にある渓谷。展望台から急坂を下ると、右手の海岸近くには養魚池が、左手の山側にはタロイモ水田が広がる。

7月28日
たいせつな仕事

ワイピオ渓谷を行き来するトラックは
生活物資を運搬する。
この日は日用品と燃料らしい。
犬はいつも主人と行動をともにする。
その誇らしげな顔には、荷物番という
立派な役割をこなしていると書かれている。
(ハワイ島)

7月29日
ファラーライに架かる虹

ファラーライ山に虹が架かることは珍しい。
午前中はその山容を眺められるものの雨はなく、
午後からはボグ（雲と火山ガスが入り混じったもの）に包まれ
ほとんど姿を見せないからだ。
このときも東から流れ込む雲のせいで
山は隠れていたが、
西からの突風が雲を持ち上げ、
空に大きな虹を架けた。
（ハワイ島）

ファラーライ山◎カイルア・コナの背後にそびえる標高2771メートルの山。最後に噴火したのは1801年。流れた溶岩の上に、コナの空港が造られた。

7月30日 ペレの色

ペレ◎ハレマウマウの火口に住むとされる火の女神。気性が激しく、嫉妬深く、気まぐれな性質はこの島の火山活動に通じ、多くの物語が人々の心に生き続ける。

ハレマウマウが
まだ小規模な噴火を続けていた頃、
キラウエア・カルデラのかたわらで
火の女神ペレに捧げるフラが奉納された。
赤い服はオヒアレフアや
オヘロの赤と同じく、女神ペレを表す
溶岩と炎の色だ。赤色には
溶岩で創られたハワイの島々に対する
リスペクトが込められている。
（ハワイ島）

7月31日
旅をする果実

ココナッツは多くの用途に用いられてきた。
外皮をむくと現れる中果皮には強い弾力性があり、
クッション素材として今日でも用いられる。
その内側には胚乳があり、オイルやミルクとなる。
ハワイでは先住民がこの有用植物を持ち込んだが、
ココヤシは今も潮流に乗って長旅を続ける。
（マウイ島）

ココヤシ（ニウ）◎1本の木から1年に40〜80個の果実を収穫できる。若い果実を採集する際は、ひもを使って木に登り、果実を回転させてもぎ取る。

サム・チョイズ・カイ・ラナイ◎月曜〜木曜は17時までのハッピーアワーがあり、サンセットの前から楽しめる。日曜の夜は生バンドの演奏もある。→P382

8月1日
ケアウホウのたそがれ

外洋に向けて開け放たれた建物は
海風を感じながらサンセットを楽しめる。
このオープンなレストランは、
リージョナル・キュイジーヌの元祖でもある
サム・チョイズの店で、これまでの彼の店と
比べるならナチュラルでアットホームな造作だ。
日没が近づくと店内のざわめきは途切れ、
フォークとナイフを握りしめたまなざしが
いっせいに海へと注がれる。

（ハワイ島）

8月2日 快適な道

かつてのサドル・ロードは
舗装路とは名ばかりで穴だらけの道だった。
ハンドルをしっかり握り
タイヤに気を使って走ったものだ。
しかし速度を出せない分、
周辺の風景がよく目に入る。
牧草地の牛や背の低い木々など、
車窓の世界は今よりもずっと身近だった。
今日ダニエル・K・イノウエ・ハイウェーと
なって島を快適に横断できるが、
一抹の寂しさはある。
（ハワイ島）

ダニエル・K・イノウエ・ハイウェー◎ハワイ島の東西を結び、マウナ・ロアとマウナ・ケアを縫ってのびる横断道路。最高地点は1800メートルを超える。

カンラン石（オリビン）◎マグネシウム、鉄などを含む鉱物で玄武岩に多く含まれる。ラテン語のolivaが語源で、結晶がオリーブ色に見えることに由来する。

8月3日
カンラン石の輝き

今から5万年近く前、
マハナ湾で起きた噴火で噴石丘《ふんせききゅう》が誕生した。
丘は押し寄せる波に洗われ続け、
やがてカンラン石の結晶がむき出しとなった。
小さな結晶だが、集まれば山となる。
それが遠目にグリーンに見えたことから
グリーンサンドの名がついた。
この先も岩は洗われ、
グリーンはさらにその輝きを増すに違いない。
（ハワイ島）

8月4日
グリーンサンド・ビーチ

緑砂の広がるビーチまでは
片道1時間ほど歩かなければならない。
ビーチへ下りる道はかなり急傾斜だし
海は潮流が強いため、泳ぎにはあまり向かない。
それでもこの地を目指すのは
目の覚めるような緑色の砂浜が広がるからだ。
火の島が造り出した絶景がここにある。
（ハワイ島）

グリーンサンド・ビーチ◎島最南端のカラエから北東に約5キロに位置し、片道1時間ほどかけて歩く。ハワイ名はパパコレア（波が砕けるところ）。

カイルア・コナ◎ハワイ王国の首都だったこともある歴史の町であり、国際空港のあるハワイ島最大のリゾート地。サンセットの美しさでも知られる。

8月5日
燃える空

サンセットが近づく。
だがカイルア・コナの空には
分厚い雲がかかり、いつにも増して重々しい。
そのとき水平線の近くで雲が退き、
太陽が顔を出した。
輝きのせいでシルエットと化したココヤシが、
陽の光に炙られているように見える。
（ハワイ島）

8月6日
サメの海

ノースショアのサンセット・ビーチは
サーフィンの聖地として世界的に知られる。
古名はパウマルー。
「失われたもの」とか「血」の意味がある。
かつてタコ漁の女性がサメに襲われるという
事故が起きたことに由来する。
サメは過去の話だが、
血を流すことのないよう
サーファーは海での事故に細心の注意を払う。
(オアフ島)

サンセット・ビーチ◎白い砂浜が3キロほど続く。夏の波は穏やかだが、冬は大波が押し寄せる。その名の通り、サンセットの美しさで知られる。

カイルア・ビーチ◎カイルアとは「ふたつの海」のことで、一帯にふたつの潮流と島があることによる。ビーチパークにシャワーやトイレを完備する。

8月7日

水の恵み

カイルアは大昔から貴重な土地だった。
背後にコオラウの山々を抱え、
滝や川が流れて暮らしやすかったためだ。
今は美しいビーチと海が注目され、
新しいリゾート地として人を集めている。
（オアフ島）

8月8日
入道雲

夏の盛り、ココヤシの続く街道に
入道雲が湧き起こる。
頭上でヤシの葉が風に揺れはじめると、
ほどなく夕立が到来する。
遮るもののない大空の下で暮らす島の人々は、
雲や風の流れで天気の移り変わりを知る。
（カウアイ島）

夏の雲◎大気のきれいなハワイ諸島では、虹と同じように鮮やかな雲が湧く。力強く湧く入道雲は夏場に多く、スカイブルーの空によく似合う。

マンゴー採りの道具◎夏はあちこちでマンゴー採りがはじまる。手製の道具のほか、ホームセンターには先端にかごがついた「マンゴー採り棒」なる道具もある。

8月9日
マンゴー採り

マンゴーの果実が
たわわに実をつけはじめる。
ハワイには50種以上のマンゴーがある。
その多くは農園で栽培されるが、
野生化したマンゴーも多い。
長い竿先に網をつけた
手作りの道具を使い
職人のような手さばきで
次々と採っていく。
(カウアイ島)

8月10日 サンドイッチ諸島

キャプテン・クックはハワイ諸島の命名に際し、
航海に出資したサンドイッチ伯爵の名を冠した。
伯爵にはもうひとつの遺産がある。
サンドイッチという食べ物だ。
これについてはデリ&ブレッドが
頭ひとつ抜きんでていて、
「みんなが選ぶベストサンドイッチ」の
最優秀賞を何年も連続で獲得している。
今も伯爵への恩を忘れていないようだ。
（カウアイ島）

デリ&ブレッド・コネクション◎パストラミ、ロブスターなど、メニューが豊富。くりぬいたパンにスープが入ったブレッドボウルも人気がある。→P382

ハワイモンクアザラシ◎ハワイ固有の海生哺乳類。熱帯に生息するアザラシで、ハワイ諸島の北西以遠に生息する。絶滅危惧種に指定されている。

8月11日 黄金色のまどろみ

丸太と見間違えそうな
ハワイモンクアザラシが、
ポイプー・ビーチでまどろんでいた。
ハワイ名は「荒波を走る犬」だが
勇ましい泳ぎを見たことはない。
金色に染まる夕暮れ時、
アザラシはときおりあくびをしながら
黄金色の夢を見続ける。
（カウアイ島）

8月12日

植物を学ぶ

島々には数多くの植物園があり、
それらを通じてハワイの植物を学んだ。
なかでもリマフリ植物園には何度も通った。
ここではハワイ由来の植物を系統立てて展示する。
指示に従って歩くだけで、ハワイの自然を
手軽に理解できる仕組みとなっているのだ。
ハワイの歴史は植物によって作られた。
(カウアイ島)

リマフリ・ナショナル・トロピカル植物園◎２０１８年の洪水で１年以上閉鎖していたが、２０２０年より再オープン。入園には事前の予約が必要。

ハーエナ・ビーチ◎島の北西端のケエ・ビーチとトンネル・ビーチに囲まれた海岸。カヘレラニと呼ばれるピンク色の貝殻が知られる。

8月13日

子連れのビーチ

人気の高いケエ・ビーチに対し、
手前のハーエナ・ビーチは訪れる人も少ない。
子どもたちが遊ぶにはちょうどよいのか、
家族連れが多いが、
親たちは海に入ることなく、
強い日差しの下でのお喋りが続く。
（カウアイ島）

8月14日
変わりゆく岸辺

ケエ・ビーチの上空から
マニホロ湾を俯瞰する。リマフリ川と
名もない小川のいくつかが海に注ぐ。
流れは小さな砂浜を造り出すが、
波の力はそれよりも強く、
砂浜を押し返して岸辺をえぐる。
ハワイの島々はそのようにして
大地を削り取られ続ける。
(カウアイ島)

ケエ・ビーチ◎島の北西端にあるビーチ。シュノーケリングスポットとしても知られる。ビーチ脇にカラウ・トレイルのスタート地点がある。

ボン・ダンス◎盆踊りを指すローカル英語。かつては日本人移民の行事だったが、今日では住民の多くが参加するハワイのイベントで、夏の風物詩となっている。

8月15日 ボン・ダンス

盆の季節になると、
ハワイではあちこちで盆踊りが開かれる。
現地でボン・ダンスと呼ばれるこの催しは
寺社で開かれるのだが、
集うのは日系人に限らない。
すっかりハワイの文化に溶け込み
太鼓の音色がヒロの夜空を震わせる。
(ハワイ島)

8月16日
真夏の夜の夢

夏のある夜、
ホノルルのプナホウ・スクールを
取り囲む石壁にびっしりと張りついた
ピタヤの白い花がいっせいに開く。
暗闇に光る白い花と
甘い香りに包まれていると、
シェークスピアの
『真夏の夜の夢』のように
妖精が現れても
不思議ではない気分となる。
（オアフ島）

ピタヤ◎ゲッカビジンと勘違いする人が多いが別種。両者ともサボテン科で、花も果実もよく似る。ドラゴンフルーツと呼ばれる果実は生食できる。

8月17日 色づかいのセンス

ハレイヴァには、人気を二分する
シェイブアイスの店がある。
マツモトとアオキだ。
マツモトの人気は高いが、
ぼくはアオキの
小ぢんまりとした感じが好きだ。
(オアフ島)

シェイブアイス◎かき氷のこと。絵の具のようなシロップを7色にかけるのが定番で、舌まで虹色になる。フルーツや練乳を加えたものも人気がある。

8月18日
光の海

白砂のビーチとその先に連なるふたつの島。
ラニカイは美しい海辺だが、
ライフセーバーもいなければシャワーもなく、
駐車場すらないので、訪れる者には
なかなかにハードルが高い。
しかし天から注ぐ光がこの海に輝きを与え、
光のステージが出現すると、神々しさを感じる。
ラニカイは近年になって与えられた名だが、
人々はこの光を指して「光の海、天国の海」と
呼んだに違いない。
（オアフ島）

ラニカイ・ビーチ◎島の北東にのびるビーチ。町の背後の丘を30分ほど登ってピルボックス（要塞跡）に立つと、町と海を一望できる。

ハウ・ツリー・ラナイ◎ニューオータニ・カイマナ・ビーチ・ホテル内にあるレストラン。ビーチを眺めながら食事ができる。一番人気はエッグベネディクト。
↓P382

8月19日

海からの便り

『宝島』の作家スティーブンソンは
カイマナ・ビーチ・ホテルのハウの樹の下で、
カイウラニ王女に冒険談を語ったという。
英国留学から王国に引き戻された彼女は、
作家の話に過ぎし日を思い浮かべたことだろう。
伝統文化が色濃く残りつつも
新世界が広がりはじめた一時代がここにあった。
（オアフ島）

8月20日 カピオラニを称えて

ハワイ王国第七代の王カラーカウアの
妃であるカピオラニ王妃は
夫と同じく芸術を愛し、
カピオラニ病院の設立を通じて
人々の健康管理にも大きな
役割を果たした。彼女の貢献を称えて
誕生したこのホテルには
王家にまつわるコレクションがあり、
在りし日を伝える。
（オアフ島）

クイーン・カピオラニ・ホテル◎ワイキキのカピオラニ公園近くにあるホテル。大改装を経て2018年に新装オープン。目の前にダイヤモンドヘッドを望む。

ハワイ州会議事堂（ハワイ州庁舎）◎1969年に完成した。建物の高さは18メートル。バルコニーを支える40本の柱はヤシの木をイメージしている。

8月21日
込められた思い

州庁舎はオープンに造られていて、
公務がなければ知事室でさえ一般に公開されている。
この建物にはふたつの重要な像がある。
リリウオカラニ女王の像は王国消滅の証人であり、
ダミアン神父像はハンセン病患者の象徴である。
非業の死を遂げた人物を州の象徴とするのは、
ハワイがアメリカに併合されてもなお、
王国の気概を忘れないためかもしれない。
（オアフ島）

8月22日
支えるもの

デューク・カハナモクを有名にしたのは、
ストックホルムオリンピックの
100メートル自由形での金メダルだ。
後年、彼はアウトリガーカヌーの
フイ・ナルというクラブを立ち上げ、
それが後の長距離航海の文化を
復活させるきっかけとなった。
そしてサーフィンを通じてハワイの
伝統文化を守り続けた。
（オアフ島）

デューク・カハナモク◎ワイキキ・ビーチでサーフボードを背にした銅像はよく知られる。毎年この時期に、デュークス・オーシャン・フェスティバルを開催。

プリンスビル◎ハナレイの手前に位置する高級リゾート地。ホテルやゴルフ場などが点在する。映画『南太平洋』のロケ地としても知られる。

8月23日
クックパインと夏の空

島を北上し、アナホラの山々を見上げながら
西へ回り込む。遮るもののない景色のなか、
強い日差しを浴びながら進むと
プリンスビルにさしかかる。
ここで渋滞にはまった。
そのとき青空を突いて伸びるクックパインに気づく。
大空と緑のコントラストが鮮やかで、
これぞハワイだと見惚れていると、
背後からクラクションが鳴ってわれに返った。
(カウアイ島)

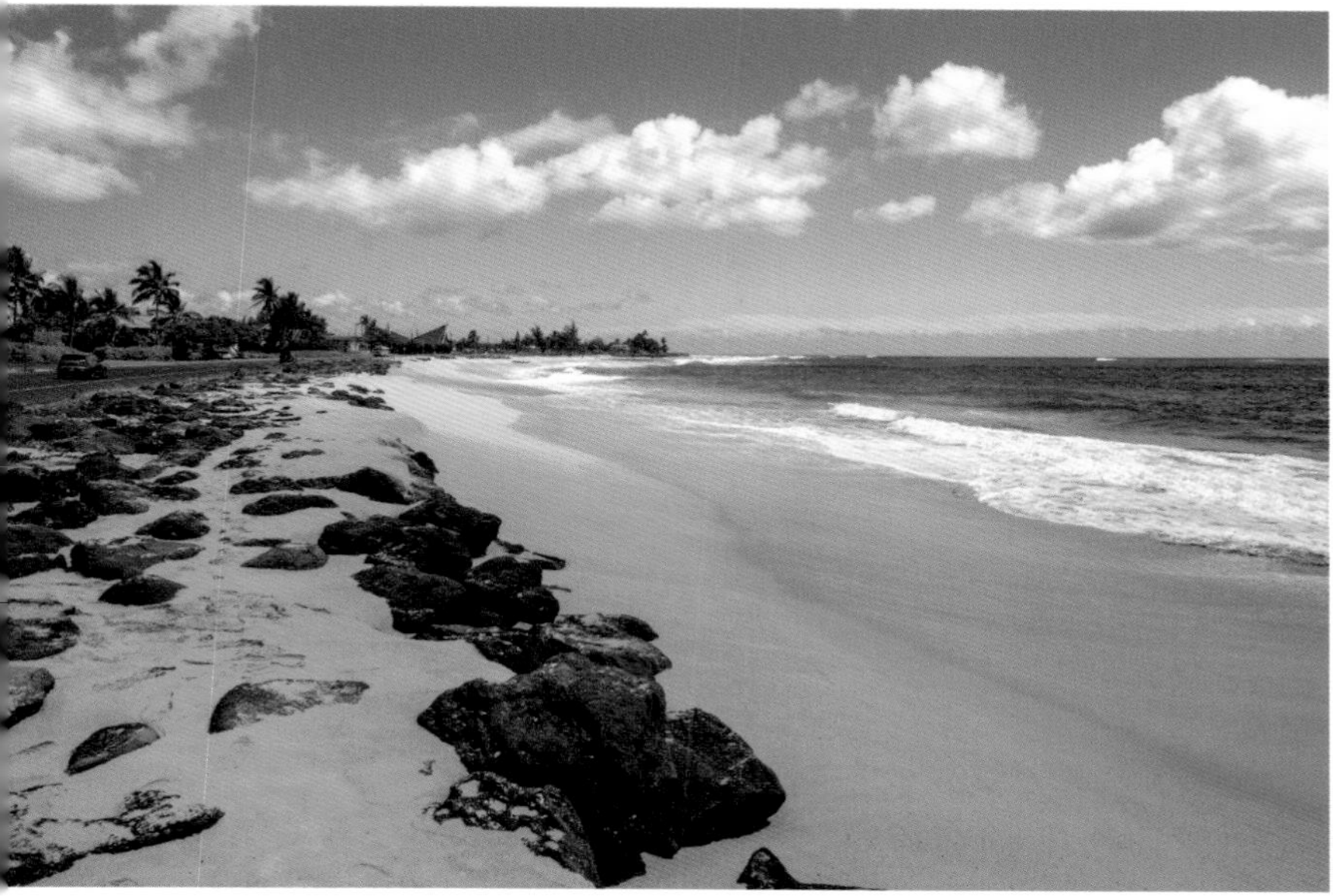

8月24日
最果ての岸辺

島の西の果てには、
ハワイ最長のビーチに面してケカハの町が広がる。
砂糖産業が栄華を極めた頃は
銀行や商店が軒を連ね、羽振りを利かせていた。
日本人移民はこの町にも定住し、
サトウキビ農園で汗を流した。
今は墓地の石碑にその面影を偲ぶだけだが、
海を隔てたニイハウ島は
そのすべてを見続けてきた。
（カウアイ島）

ケカハ・ビーチ◎2キロメートルに及ぶ長いビーチで知られるが、波が荒く潮の流れも速いので泳ぎには向かない。ニイハウ島出身の住人も多い。

ポイプー・ビーチ◎コーロアの南に隣接するリゾート地。美しい夕日が見られることでも知られる。周囲にはカフェやレストランが立ち並ぶ。

8月25日 脈打つ波

強い日差しの下、
ポイプー・ビーチで波を見つめる。
背面から刺し貫く陽光が
緑色に脈打つ血管のように浮かび上がる。
かつて航海士は波のメッセージを
読むことができた。
たしかに波には
意志があるように思える。

（カウアイ島）

8月26日
翼よ

キパフルの小集落に
大西洋を横断したリンドバーグの墓碑があり
「私が曙の翼を駆って海の果てに住んでも……」
という聖書の一句が刻まれている。
碑文の背景には、長男が殺害されて
夫婦関係が揺らいだ彼の心情が隠されている。
不貞などの裏切り行為を続けた夫を許し、
最期まで添い遂げた妻への複雑な思いが
込められているのだろうか。
（マウイ島）

チャールズ・リンドバーグ
◎プロペラ機でNY―パリ間を飛び、大西洋単独無着陸飛行に初めて成功した冒険家。彼の墓碑はパラパラ・ホオマウ教会内にある。

ラハイナ◎マウイ島の港町。一年を通じて暑く乾燥した風が吹く。1845年にホノルルに移るまではこの町が首都であり、その後も捕鯨基地として発展した。

8月27日
灼熱の太陽

ホノルルの喧噪を嫌い、
ラハイナという小さな漁村を愛した
カメハメハ三世は、岬の突端に住まいを造り、
波音を聞いて過ごした。
今日、少しばかりにぎやかさの増したこの町だが、
今も容赦ない日差しが注ぐ。
もしかすると王は、海風を利用した
暑さ対策を思いついたのかもしれない。
（マウイ島）

8月28日

王たちの住まい

アフエナ・ヘイアウが建つ場所は
カメハメハ一世が逝去し、宣教師たちが
最初に足を踏み入れた場所でもある。
二世はここを破壊したが、
その後にハワイ島郡長のクアキニが住み、
さらに時を経てヘイアウが移築され、今日にいたる。
これほど濃密な歴史の詰まった場所だというのに、
訪れるのは今もわずかな人とカモメだけだ。
（ハワイ島）

アフエナ・ヘイアウ◎一五世紀、ピリ王朝一二代目のリロア王の時代に建てられ、後にカメハメハ一世により再構築された神殿。カイルア湾に復元された。

ハプナ・ビーチ◎ウェスティン・ハプナ・ビーチ・リゾートの前に位置する白砂のロングビーチ。州立公園になっており、トイレやシャワー、売店もある。

8月29日
緑のオアシス

島の西海岸には美しい海岸が連なる。
ハプナもそのひとつで、
白砂が広がるビーチはとくに人気が高い。
ハープナというハワイ語にはワイキキと同じように
「水の湧き出るところ」という意味がある。
周辺に地下水の湧き出るところが数カ所あり、
そこに植物が根づいて、
小さいながらも緑のオアシスを出現させる。
加えて溶岩とヤシと白砂が揃うのだから、
勝負はあったようなものだ。
（ハワイ島）

8月30日 甘い誘惑

ヒロで必ず訪れるレストランがある。
ある日、知人を誘った。
料理にはパンケーキがついていたが、
あまり好きではないと言う。
シロップなどは問題外だそうだ。では、
とこちらが幸せそうに食べていると、
「一切れだけ」と手を伸ばす。
結局、彼は残りすべてを平らげた。
（ハワイ島）

ハワイアン・スタイル・カフェ◎ヒロの空港近くにあるオールドハワイアンな雰囲気のカフェレストラン。味と量に定評があり、いつも地元客でにぎわっている。
↓p382

バニヤン・ドライブ◎ヒロ湾に突き出した半島を周回する道。バニヤンの並木で知られる。半島の大半をリリウオカラニ公園が占める。

8月31日
バニヤン・ドライブ

大きく伸ばした枝から気根を垂らして
幹に似た株を作り、そこから新たな枝を伸ばす。
これを果てしなくくり返すバニヤンは、
1本の木で森を造ることさえできる。
ヒロ湾にはベーブ・ルースやルーズベルト大統領、
マリリン・モンローが植樹したバニヤンがあるが
小さな枝を植えただけの彼らも
そのことを知ったらさぞ驚くに違いない。
（ハワイ島）

9月1日
静寂の池

ヒロのシーサイド・レストランは、
前面を海、背後を大きな池に囲まれていて、
朝夕には数百羽のアマサギが飛び交う
異空間のような土地だ。
暗闇が迫ると鳥たちは木々に紛れ、
生けすの魚たちもひっそりと身を潜める。
夜が来て風がやみ、静寂だけがあたりを支配する。
（ハワイ島）

シーサイド・レストラン◎１９２０年代の開業当時は、チキンと、生けすで育てたボラを提供した。１９４６年のツナミで店は流されたが、再建されて今日にいたる。↓p３８２

リリウオカラニ◎第八代にして最期の女王リディア・リリウオカラニ・パキは、１８３８年のこの日に生まれた。リリウオカラニ公園は彼女を記念し造られた。

９月２日

竹林がつなぐ文化

ヒロの町に王国最期の女王である
リリウオカラニの名を冠した公園がある。
日系人が造った日本式庭園で、１００年を超える。
園にはそのときどきに、移民史を記念する造作が加わった。
灯籠や鳥居、太鼓橋などもあり、
和で統一されているように見える。
しかし園内にはモンキーポッドやバニヤンがあり、
竹林もまたポリネシア由来だ。
ここにはハワイと日本の絶妙な調和がある。
（ハワイ島）

9月3日
歴史が眠る場所

ヌウアヌに向かい、サマーパレスを過ぎると
ハワイ王朝の霊廟がある。
荘厳な鉄柵に囲まれた一画は、ここだけが
別の時間軸で動いているとでもいうように静寂が漂う。
半地下の霊廟には
カラーカウアやリリウオカラニなど、
歴代の王たちが埋葬されているが、
死してなお力強いエネルギーに満ちている。
（オアフ島）

マウナ・アラ◎王立霊廟は州立歴史記念物に指定されていて、ハワイの王族が眠る。セレモニーが行われるとき以外は、一般公開されている。

フェイガン・クロス◎ハナの窮地を救ったポール・フェイガンの功績を称え、草原に十字架が立てられた。丘の上からハナの町と海を一望できる。

9月4日 十字架の丘

カアフマヌ妃の生誕地であり、王国の要所でもあったハナは、その後ポール・フェイガンの手が加わった。彼はサトウキビ農園を牧場に変え、ホテルハナマウイを造り、町を観光名所にする仕掛けを用意した。ハナ牧場の丘に見える彼の十字架は、その集大成かもしれない。

（マウイ島）

9月5日

はためくアロハ

島の東端に位置するハナの町で
小さな博物館を訪れたときのこと、
この町が想像以上に激動の歴史を
体験してきたことを知って驚かされた。
博物館を出た後は、
風にはためくアロハの文字までが、
何かを訴えているような気がした。
（マウイ島）

ハナ・カルチュラルセンター&ミュージアム◎王朝時代はマウイ島の要所であり、開国後は多くのサトウキビ農園が誕生したハナ。博物館はその歴史を示す。

ハナ・ランチ・レストラン
◎ホテルを除けば、ハナにある唯一のレストラン。テラスからは遠く海岸まで一望できる。売店を併設している。→P382

9月6日

巨大なマグカップ

ハナ牧場のレストランでは
丼のような巨大マグカップに驚かされる。
窓際に座り両手でマグカップを持ちながら
町並みや海岸を見下ろす時間が気持ちいい。
ここではロコモコなど、
トラディショナルなハワイ料理を味わいつつ、
歴史を遡って昔日のハナに思いを馳せたい。
（マウイ島）

9月7日
歴史を刻む部屋

二〇世紀の半ば、
マウイ島に初のリゾートホテルが造られた。
カウイキ・インというこのホテルは、
6部屋しかない小さな宿泊所だった。
その後にホテルハナマウイとなると、
テレビも時計もない施設は世界の注目を集めた。
日常とのつながりを断つという試みは、
この小さなホテルからはじまったのだ。
今日、トラバアサとその名を変えたが、
理念は揺るぎない。

（マウイ島）

トラバアサ・ハナ・マウイ
◎マウイ島の隠れ家的リゾート。広大な敷地に、プランテーションスタイルのコテージが点在し、建物の周囲には庭園が広がる。

ハセガワ・ジェネラルストア◎1910年創業。東マウイ唯一の総合雑貨店で、オープン当初はサトウキビ農場で働く日本人を顧客とした。

9月8日

スモール・ワールド

二〇世紀の初頭、ハナに最初の雑貨店が誕生した。
町には多くの農園労働者がいて、
ハセガワ・ジェネラルストアは食品や日用品を
提供する待望の店だった。
ここには多くのノベルティがあるが、
なかでも『ハセガワ・ジェネラルストア』というCDは
見逃せない。店の商品を順に紹介するだけの歌詞だが、
作曲は巨匠ポール・ウェストン。
ジョージ・パオアを含む多くの歌手がカバーする。
（マウイ島）

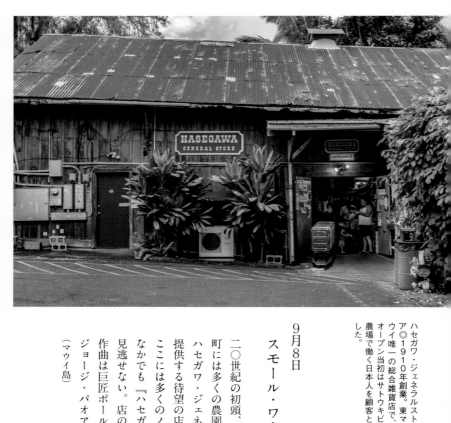

9月9日
ハイヌーン

ヒロのダウンタウンに
強い日差しが降り注ぐ。
アスファルトからかげろうが立ち昇り、
建物が揺らぎはじめる。
古い建物が軒を連ねる光景は、
100年前の町が
タイムスリップしてきたかのように見える。
(ハワイ島)

ヒロ◎ハワイ郡(ハワイ島)の首都。先住民が開拓した集落を日本人移民が拡張し、今日にいたる。建物の建て替えはほとんどなく、半世紀前の景観が今も残る。

アンスリウム◎サトイモ科の植物。ろう細工のような花穂とそれを囲む苞（ほう）は日持ちがするため、フラワーアレンジメントとしてよく用いられる。

9月10日

赤いキャンバス

ヒロの定宿では、窓越しに
アフリカンチューリップツリーの花が広がる。
机に置かれるのはいつもアンスリウム。
隣のファーマーズ・マーケットで1束5ドルほど
ということは知っているが、
部屋の内と外とを赤で満たすセンスは粋だ。
（ハワイ島）

9月11日 島育ち

ヒロのダウンタウンでは毎日のように
ファーマーズ・マーケットが開かれる。
スーパーでは見かけない
ベントーやサンドイッチがあったり、
もぎたてのフルーツが積まれている。
しかも大きなパパイアが
4個1ドルという値づけだ。
ヒロの元気はここから生まれる。
（ハワイ島）

ヒロ・ファーマーズ・マーケット◎ヒロのダウンタウンで毎日開催されている常設のマーケット。とくに水曜、土曜は、朝6時から夕方4時までにぎわう。

ワイアーヌエヌエ通り◎ハワイ島を東西に貫くサドル・ロードの起点。ワイアーヌエヌエは、レインボー滝（↓P48）のハワイ名でもある。

9月12日
守護神

ヒロの目抜き通りのひとつである
ワイアーヌエヌエ周辺は
小中高が集まる文教エリアとなっていて、
そのひとつにヒロ中学がある。
校舎の左右に立つ
バニヤンの巨樹は往来の騒音を吸い取り、
校舎を見守るように立ちつくしている。
キャンパスの子どもたちを守る
神々のように見えなくもない。
（ハワイ島）

9月13日
テーブルを囲む

ハワイの人たちは、
一人で食事をすることはあまりない。
その昔、人々は大勢が集まって
食事をする習慣があった。
そんなDNAが
今も残されている。
（ハワイ島）

レストラン◎ハワイの人たちは家族や親族を引き連れて来店する。人数分のテーブルの確保が難しいときも、いらだつことなく、おしゃべりをしながら待ち続ける。

桟橋◎船舶用に使われることは稀で、たいていはデートスポットや釣り場として利用されている。ワイメアの桟橋はニイハウ島の展望台としても人気がある。

9月14日
特別な時間

ワイメアの海に穏やかな風がそよぐある日、
桟橋を訪れた女の子が、
父親と一緒に過ごすうれしさを抑えきれぬように
飛び跳ねていた。
遠い昔の自分もそうだった。
朝早く目が覚めてしまい、
その日の計画にワクワクしたものだ。
ハワイの旅は、その延長にあるのかもしれない。
（カウアイ島）

9月15日
ロコモコへのこだわり

ヒロの町外れに、
ロコモコがメインのローカルレストランがある。
店内でも食べられるがたいていは持ち帰りだ。
ロコモコにこだわる店だけあって
10種以上を取り揃える。
ここで毎日の食事を済ませることも不可能ではないと、
取りとめのないことを思いながら
今日も立ち寄ってみる。
（ハワイ島）

カフェ100◎1946年創業の老舗ドライブイン。ロコモコは卵の焼き方を好みで選べる。開店当初からのビーフシチューも人気が高い。→P382

9月16日
吊り橋のこと

ハナペペ・スウィンギング・ブリッジ◎ハナペペ川に架かるノスタルジックな吊り橋。1992年の巨大ハリケーン・イニキで壊れ、1996年に再建された。

ハナペペには
町のランドマークとなっている
木製の吊り橋がある。
景観の雄大さが売り文句だが
景色に見とれていると
後から来た人は橋を渡れない。
しかしいらだつことなく
こちらの気が済むまで
待ち続けてくれる。

（カウアイ島）

9月17日
フライパンがひとつ

ハナペペの華やかな表通りから
身を隠すようにして建つ小さな家がある。
主《あるじ》は大きなフライパンで
黙々とタロイモチップスを揚げている。
味は折り紙つきだが、難点もある。
時間とともに味が落ちるのだ。
だからいつも揚げたてを狙っている。

（カウアイ島）

タロ・コ・チップス・ファクトリー◎雑誌などでも紹介されるタロイモチップスの名店。ジャガイモやサツマイモのチップスも販売されている。

ABCストア◎ハワイに本社を置くコンビニ・チェーン。日系二世のコササ氏が創業。オアフに39店舗、マウイ、ハワイ、カウアイに計19店舗ある。

9月18日

どこにでもある

観光客であれば一度は世話になるABCストア。
どこにでもある（All Blocks Covered）と
皮肉られるほど店舗数は多い。
しかし店それぞれに限定商品があることは
意外に知られていない。
たとえばコーヒー豆から作るレアなコーヒージュースは
ハワイ島の数店のみで取り扱う。
（オアフ島）

9月19日
収穫を祝う

アロハ・フェスティバルはハワイ最大規模の催しで、諸島各地で行われる。かつてこの時期に行われたマカヒキ祭という伝統行事を反映したものだ。祭典ではリボンが販売される。財政難に直面した年に多くの住民がリボンを購入して催しを支えた。祭りはハワイの人々が総出で祝う。

(オアフ島)

アロハ・フェスティバル◎9月に開催される州最大の祭り。2020年に74回を迎える。ワイキキではホオラウレアと名づけられた同時多発的な催しもある。

9月20日 行き着く先

ホノム◎アカカ滝へ向かう途中にある小集落。奥には曾我部の使命を受け継ぐ青い教会がある。かつての建物は取り壊されたが、レンガ製の竈（かまど）が残る。

ホノムという小さな村に
ハワイ島最大の日本人集落があった。
その多くは問題を抱えて
駆け込んだ人々だ。
この集落を守り育てた曾我部《そかべ》四郎は
ホノム義塾を設立し、
キリスト教の福音と
日本の伝統文化の修得を行った。
訪れる者は数えるほどだが
日系人の原点がここにある。

（ハワイ島）

9月21日
甘いもの好き

ホノムの町にジャムの店がある。
レギュラーのほかに「甘さ控えめ」と
「無糖」も用意されているが、
甘さ控えめは甘さが2倍、
無糖は一般的な甘さという感じだ。
だからレギュラーは試していない。
アメリカ人はとことん甘いもの好きだと
改めて思う。
（ハワイ島）

ミスター・エドズ・ベイカリー◎パンやパイもあるが、驚くほど多品種のジャムが並ぶ。スパイシーな味つけやバター系のジャムも人気がある。

マウナロア◎モロカイ島の東にある小集落。町の東に位置するカアラの丘はフラの聖地とされ、カ・フラ・ピコと呼ばれるフラの儀式が行われた。

9月22日

お値打ち品

モロカイ島には
巨峰マウナ・ロアと同名の町がある。
この地に近いリゾートホテルが
撤退してからというもの、
主立った商売もなく、町はひどく寂れてしまった。
しかしそれを気にしないマイペースの店もある。
店内は閑散として流行の商品とは無縁だが、
すでに販売終了となった商品や
ずっと探し続けていたものが
ここで見つかることもあって、
なかなかに侮れない。
（モロカイ島）

9月23日
店のこだわり

マウナロアの町にある
そのカイト・ショップでは
ほとんど客を見ないばかりか、店主さえあまり
見かけない。呼び鈴を鳴らすと、道を挟んだ先の
自宅から出てくるというのどかさだ。
そもそもどれほどのカイトが売れるのか。
経営者のジョナサンはそれほど気にしていないようだ。
「客？　来ればよし、来なければそれもよし」
それがこの島のスタイルだと
言わんばかりの返答だった。
（モロカイ島）

ビッグ・ウインド・カイト・ファクトリー◎1980年創業、ジョナサンが営むカイト屋で、パーツのすべてを手作りしている。オーダーメイドも受ける。

聖ヨハネ教会（セント・ジョゼフ・チャーチ）◎1876年にダミアン神父が建てた、モロカイ島で2番目に歴史のある教会。晩年の神父像がある。

9月24日

スイート・ホーム

ハンセン病患者の介護に一生を捧げたダミアン神父は
島の各地に教会を建てた。
聖ヨハネ教会もそのひとつだ。
心がほぐれるような、わが家に戻ったような雰囲気は、
大教会では決して味わえない。
この島の人々にとり、今も心の安らぎを得る場だ。
（モロカイ島）

9月25日
カラウパパへの道

ラバの背に乗り、高低差500メートルを下る。
道幅はラバのサイズを超えない。だから
わずかでもバランスを崩せば奈落が待ち受ける。
それでも恐怖に支配されないのは、
ダミアン神父とハンセン病患者の土地を訪れる
という気持ちのなせる業だろうか。
背後には崖が、目の前には荒波が押し寄せる
隔絶した土地へ向かう小径は、
ここに閉じ込められた人たちの絶望感を追想させる。
(モロカイ島)

ダミアン神父◎ベルギー出身の宣教師。モロカイ島に渡り、ハンセン病患者に一生を捧げた。ホノルルにはダミアン博物館がある。

9月26日
癒しのレイ

カラウパパ◎半島はカラウパパとカラウァオの2地区からなる。1969年までハンセン病患者が隔離され、今日は移動を望まない患者の保護地区となっている。

カラウパパには、ハンセン病の
隔離政策が終了した今も
ひっそりと数名が暮らす。
ラバに乗って外部から訪れる人々は、
ここで半島にただ一台のバスに乗り換える。
ルームミラーにはレイがあった。
ラウハラ編みと、プルトップのレイ。
トラディショナルなハワイと
コンテンポラリーなハワイが
違和感なく共存する。
（モロカイ島）

9月27日 静寂のカラヴァオ

ダミアン神父はカラヴァオの
小さな教会に埋められたが、
遺体はほどなく祖国ベルギーへ送られ
この墓地には片手だけが残された。
その後バチカンが彼を聖人にすると、
ベルギーの遺体はバチカンに移された。
するとベルギーは
残る片手を欲しいと伝えた。
教会の裏手に広がる海を眺めつつ
死者の尊厳を考える。
（モロカイ島）

聖フィロメナ・カトリック教会◎ダミアン神父の墓がある。カラウパパへのアクセスはミュールライド、ハイキングツアー、カラウパパ空港へのフライトがある。

9月28日
夜の扉

カネミツ・ベーカリー&コーヒー・ショップ◎1935年創業の、カウナカカイの人気ベーカリー。この店で朝食をとる住民も多い。

↓P382

カネミツはモロカイの
老舗ベーカリーで、
各島の有名ホテルに納めている。
パンは毎朝店頭に並ぶが、
焼きたてを手に入れることもできる。
深夜の寝静まった住宅街を訪れ、
光の漏れる扉をノックするのだ。
暗い路地裏で受け取る儀式がまた楽しい。
(モロカイ島)

9月29日 それもこれも

ホノカアの町の人々は
『ホノカア・ボーイ』という映画に
総出で出演した。封切りの日、
人々が席に着き、幕が上がる。銀幕に
映るのは、今彼らが座る劇場であり、
登場人物は彼ら自身にほかならない。
虚と実がない交ぜとなった時間と空間を、
彼らはどのような思いで見たのだろう。
助演のグレイスは
「それもこれもこの町よ」と言って笑った。
（ハワイ島）

ホノカア・ピープルズ・シアター◎1930年、ホノカアの町に建てられた映画館。2009年公開の映画『ホノカア・ボーイ』の舞台となった。

ホノカア◎ハワイ島の北東にある町。砂糖産業で発展し、多くの日系人が入植した。町の規模は小さくなったものの、古き良き時代の雰囲気を残している。

9月30日

集いの場

ホノカアの町に流行は似合わない。
時は緩やかに刻むのだ。
ライムグリーンに塗られたCCジョンズはその典型だ。
ここではあらゆるものがない交ぜとなる。
レストランであり、カフェバーであり、
雑貨屋であって、寄り合い所でもある。
残念ながら店は閉じたが、人々の心は今もここにある。
（ハワイ島）

10月1日
嵐のあと

巨大なハリケーンが
この島に大きな爪痕を残したある夜、
ようやく厚い雲が退いて月が姿を現した。
しぶとく残る強風がヤシの木を揺らすと、
雨粒が吹き飛ばされて霧のように広がり、
月を幻想的に飾りたてた。
（カウアイ島）

月（マヒナ）◎月の形状は海に影響を与えることから、伝統社会では月の満ち欠けを大切にした。すべての月齢に固有の名詞があり、ヒロ（月齢1）からはじまる。

ココヤシ（ニウ）◎大きく2種類があり、外果皮が暗緑色のニウ・ヒヴァは儀式や薬用、食用として、外果皮が赤茶色のニウ・レロは、建材や燃料、食用として用いられた。

10月2日
ヤシ並木が教えるもの

ヒロのダウンタウンでは
海岸側が広大な公園となっていて
あまり人の姿を見かけない。
度重なるツナミ被害の対策として
一帯を無人化したためだ。
公園とは名前だけの
閑散とした空間では、
沿道に植えられたヤシの木だけが
けなげに南国を演出している。

（ハワイ島）

10月3日

孤高の畑

かつてラナイ島を中心に
諸島の隅々に広がっていたパイナップル農園は、
サトウキビと同じ運命を辿ろうとしている。
今やワヒアヴァの農園以外はほとんどない。
国際的な価格競争のせいだが、
パイナップル自体がかつてほど
時代に求められなくなったのかもしれない。
それを知ってか知らずか
畑にはたわわに実がなっていた。
（オアフ島）

ワヒアヴァ◎オアフ島の中央部、ドール・プランテーション（ハワイ州に残る最後のパイナップル農園）があることから、パイナップルの町として知られる。

フルーツ・スタンド◎農家が街道で直売している。市場に出ない珍しいフルーツを見かけることも多い。園芸農家がレイを直売するレイ・スタンドもある。

10月4日
フルーツ・スタンド

ハナの近くで
無人のフルーツ・スタンドを見つけた。
格安とまではいかないが、
町の店ではお目にかからないフルーツがある。
見つけるとついつい車を降りて品定めをする。
（マウイ島）

10月5日
費やした時間

外来植物であるマカダミアは、
今やハワイの日常に定着している。
マカダミアはオーストラリアの
クイーンズランド州が原産で、
原種は堅すぎて常食には向かなかった。
ハワイでこれを品種改良し、
魅力あるものに変えたのだ。
「マカダミアはハワイ!」という
言葉の裏には費やした時間の長さがある。
(ハワイ島)

マカダミア◎ナッツやチョコレート菓子として販売されるほか、フレーバー・コーヒーやオイルにも使われている。ハワイ島に大規模な農家が点在する。

プナルウ黒砂海岸◎ハワイ島の南東部にある、諸島でもっとも知られる黒砂海岸。ココヤシに囲まれたビーチでは、アオウミガメが甲羅干しをしている。

10月6日

黒砂の貫禄

黒砂は海に流れ込んだ溶岩が
波で砕かれて誕生する。
できたては黒曜石のように黒光りしているが、
プナルウの黒砂は火山活動から長い時間が経つ。
そのため植物が作り出した土壌や
海の珊瑚片が混ざり、もはや黒とは言いにくい。
しかしその古さがいい味を出し、
落ち着いた景観を誕生させた。
自然の移り変わりはつねに人の思惑を上回る。
（ハワイ島）

10月7日
スモー！

ヒロのケンズ・ハウス・オブ・パンケーキは、終日営業の上に多くの客をこなすので料理人も多い。そのせいか日によって味に大きな差がある。

この店ではときおりドラが鳴る。

すると居合わせた客がいっせいに「スモー！」と声を上げる。スモーとは特盛りのことで、「よくぞチャレンジした！」というかけ声だ。

いつか万全のコンディションで挑みたい。

（ハワイ島）


ケンズ・ハウス・オブ・パンケーキ◎地元の人たちにこよなく愛されている24時間営業のカフェレストラン。スモー・サイミンは洗面器のようなサイズで登場する。

↓P382

ワイピオ渓谷◎渓谷には権力者が住み、豊かな水を利用して多くのタロイモ水田や養魚池が造られた。そのため「王家の谷」とも呼ばれる。

10月8日

桃源郷

ワイピオは島の北西にある渓谷の集落で
三方から幾すじもの滝が落ちる。
淡水が不足がちのハワイ諸島では
貴重な土地だった。
そのため、カメハメハ一世をはじめとする
歴代の権力者はここを独占した。
今はタロイモ水田が広がるだけのひなびた土地だが、
水源がすべての時代の桃源郷だった。
（ハワイ島）

10月9日 収穫を祝う

ワイピオ渓谷には豊かな水を
利用したタロイモ水田が広がる。
収穫されたタロイモはポイに加工され、
諸島各地に出荷される。
10月はタロイモをはじめとする
食物の収穫期にあたり、
戦いさえ中断して収穫を祝った。
土地の恵みは
人々の命より尊いものだった。
（ハワイ島）

マカヒキ◎一年の収穫を祝う祭り。伝統社会、ハワイ王国でも収穫物を王に捧げる慣習は続いた。アロハ・フェスティバル（→P269）もマカヒキに由来する。

サトウキビ列車◎かつては主要4島にあった。蒸気機関車は収穫したサトウキビを運ぶだけでなく、農園を見学する観光客を乗せて走ることもあった。

10月10日

サトウキビを運ぶ

かつては諸島のどこでも見られた
サトウキビ列車だが、
砂糖産業の衰退とともに姿を消し、
今日では軌道跡を見るだけとなった。
厳しい環境下で唯一観光列車を走らせてきた
西マウイの列車も今はない。プウコイリから
ラハイナまでのわずかな距離だったが、
在りし日を追想するにはよい体験だった。
(マウイ島)

10月11日
隠れ家の味わい

畑のなかにあって
隠れ家のようなたたずまいのハリイマイレは
本来は雑貨店なのだが、
レストランとして高い人気を誇る。
周辺の農家から仕入れた食材と
新鮮さを活かした味は、
遠くまで足を運ぶ十分な理由となる。
（マウイ島）

ハリイマイレ・ジェネラルストア◎サトウキビ畑のなかの道沿いにあるプランテーションスタイルのレストラン。日替わりの料理は人気が高い。→P382

パーカー牧場◎ワイメアに広がる全米最大級の牧場。ワイメアの町にあるパーカー・ランチ・ストアでは本物のパニオロ（カウボーイ）グッズが揃う。

10月12日

支え続けた人々

一八世紀末に英国のバンクーバー船長が寄贈したわずか5頭の牛からはじまるパーカー牧場は、今日ではおよそ3万頭の牛と、250頭の馬を所有する。しかし牧場運営は決して平坦ではなかった。病気の蔓延や経営の行き詰まり、飼育法の問題など、数々の試練があったが克服の陰にはつねに日系人の支えがあった。

（ハワイ島）

10月13日
砂丘に生きる

ひとつのところにとどまることのない砂の世界は、
生き物の存在をひどく困難にする。
しかし生命はしたたかで、
過酷さを克服して生きている。
モオモミ砂丘では
そうした生命の営みを目の当たりにできる。
（モロカイ島）

モオモミ砂丘◎ハワイの沿岸生態系が唯一残る場所で、原生自然を見られる。一帯の砂丘は、北東から吹きつける貿易風が作り出した。現在は保護区になっている。

10月14日
こだわりの味

ビッグアイランド・キャンディーズ◎定番はショートブレッド・クッキーとブラウニー。季節限定のフレーバーや栗原はるみ監修のクッキーもある。

ビッグアイランド・キャンディーズは島一番の菓子屋として知られる。味がよく、パッケージがお洒落でつねに新しい味に挑む姿勢には感心させられる。さきいかとチョコのコラボなどいたずら心も抜かりない。

（ハワイ島）

10月15日
一番人気

ハワイには100を超える果実が栽培されていて
日本人にはなじみのないものも多い。
数あるフルーツジュースのなかでも
グァバは人気が高く、さまざまな食材と
ミックスしたジュースが流通している。
しかし、一番の売れ筋はグァバネクターだと
1ガロン（約4リットル）の商品は教えてくれる。
（ハワイ島）

グァバ◎このほかにストロベリーグァバを加工したジュースも人気がある。流通はしていないが、イエローストロベリーグァバなどもある。

養魚池（フィッシュポンド）◎魚を確保する人工池。ハワイの伝統生活に欠かせない。写真のヘエイア養魚池は民間団体パエパエ・オ・ヘエイアが管理する。

10月16日

海と暮らす

養魚池を訪れた。
伝統漁業を復興させる目的で組織を作り、
多くのボランティアが参加している。
石組みは日々の管理を欠かせないし、
温暖化のせいで海面も上昇する。
しかしここを案内してくれたケリイはポジティブだ。
「放置すれば消滅するからね。今は完全じゃないが
200年先に使えるものになればいい」
勇気をもらった気がした。
（オアフ島）

10月17日
ファミリー・ビジネス

カウナカカイの町外れに
マリンスポーツを中心にした
アウトドアクラブがある。
スタッフのほとんどが女性であることに加え、
家族総出で参加するという点がユニークだ。
ゲストには優しいが、子にはスパルタ。
ときどき檄《げき》が飛ぶ。
（モロカイ島）

モロカイ・アウトドアーズ
◎カヤック、ハイキング、4WDドライブなどでモロカイ島の自然を満喫するツアーのほか、ハワイの伝統文化を学ぶコースもある。

10月18日
生長の糧

タロイモ◎サトイモの仲間で、湿潤な熱帯を中心に100属1500種が世界に分布する。花穂を包む苞（ほう）と、ハートに似た葉を持つ。

タロイモは地上部が生長を続けてピークを迎えると、
泥のなかで根茎が肥大化しはじめる。
葉が根茎に栄養を奪われ、
やがてしおれると収穫期だ。
仕組みは違うが、米が穂を垂れて
収穫期を迎えるのに似ている。
（ハワイ島）

10月19日
伝統を食す

ハワイを訪れたなら一度は伝統料理に挑もう。
ホノルルではハイウェー・インがよく知られている。
ポイを含むセット料理が基本だが、
食べやすさを重視するなら
豚肉を蒸し焼きにしたカルアピッグがいい。
スナックとしても楽しめる。
（オアフ島）

ハイウェー・イン◎オアフ島カカアコにあるローカルフードレストラン。ポイ、ラウラウ、カルアピッグなど伝統料理のハワイアンコンボが人気。→P382

10月20日
雲海を目指して

夕暮れのハレアカラーを下る。
助手席に陣取って冷たい風を浴び、
雲海の彼方に沈む日を追いながら
この山の頂でくり広げられた
さまざまな神話を思い浮かべる。
そして眼下に広がるオレンジ色の雲海に向けて
シャッターを切った。
神々はきっとそこかしこに潜んでいる。
(マウイ島)

ハレアカラー◎なだらかな山容の楯状火山で、標高は3055メートル。マウイ島のほぼ東半分を占め、山頂には長径9・5キロの巨大なクレーターが広がる。

オヒア◎フトモモ科オオフトモモ属の植物。ハワイ固有種で、諸島にもっとも広く分布する。オヒアに咲く花はレフア（↓P199）と呼ばれる。

10月21日

地を這うオヒア

ハワイの植物を代表するオヒアには
「さまざまに姿を変える」という意味があり、
樹形や葉の形は与えられた環境で変化する。
十分な光と水があれば高木となるが、
アラカイ湿原は光も栄養も乏しく、
地を這うように生長する。
しかし深紅の花の大きさは変わることがない。
（カウアイ島）

10月22日 刻まれる大地

北海岸に連なる崖は見事な溶食形態を示す。
北東より間断なく吹きつける貿易風が
壁面を溶かし、複雑な景観を造り出した。
足元では波による侵食が海食洞を生じさせる。
さらに崖の上には世界屈指の降雨量を誇る
アラカイ湿原があり、膨大な水が北東の大地を
削り続ける。このように刻まれつつ、恐らくは
2000万年後に、島は珊瑚環礁と化して
その一生を終えることとなる。

(カウアイ島)

ナパリ・コースト◎屏風(びょうぶ)状の岩が30キロほど続く秘境。アクセスは海岸線にのびるカララウ・トレイルを歩くか、ボートツアーやヘリコプターツアーとなる。

ピヘア・トレイル◎出発点のプ・ウ・オ・キラ展望台からの下りは滑りやすい赤土が続く。とくに雨が降ると、ピヘア展望台周辺もぬかるみの連続となる。

10月23日
森の証人

カララウ渓谷の展望台から東へのびる
ピヘア・トレイルは裸尾根が続く。
太平洋戦争の際に鉄塔を建てるべく森を
切り拓いたためで、いまだに修復の気配がない。
絶滅を危惧される動植物が多いハワイにおいても
極めて生命の豊かなこの地域の自然は、
少しでも早く回復してほしい。
太古の昔からここに生息してきた動植物が
だれよりもそう願っていることだろう。
（カウアイ島）

10月24日
ローカルブレンド

キラウエア火山に近い
ボルケーノ・ワイナリーのワインは
一風変わっている。
というのも原料にブドウだけでなく、
グァバやジャボチカバなどの果実を
ブレンドするからだ。ほかにも
マカダミアナッツとハニーの組合せなど、
これがワインかというものも少なくない。
個性派好きであれば試す価値がありそうだ。
（ハワイ島）

ボルケーノ・ワイナリー◎合衆国最南端のワイナリー。主力はボルケーノ・レッド。ハワイにはこのほかにマウイ島のマウイズ・ワイナリーがある。↓P382

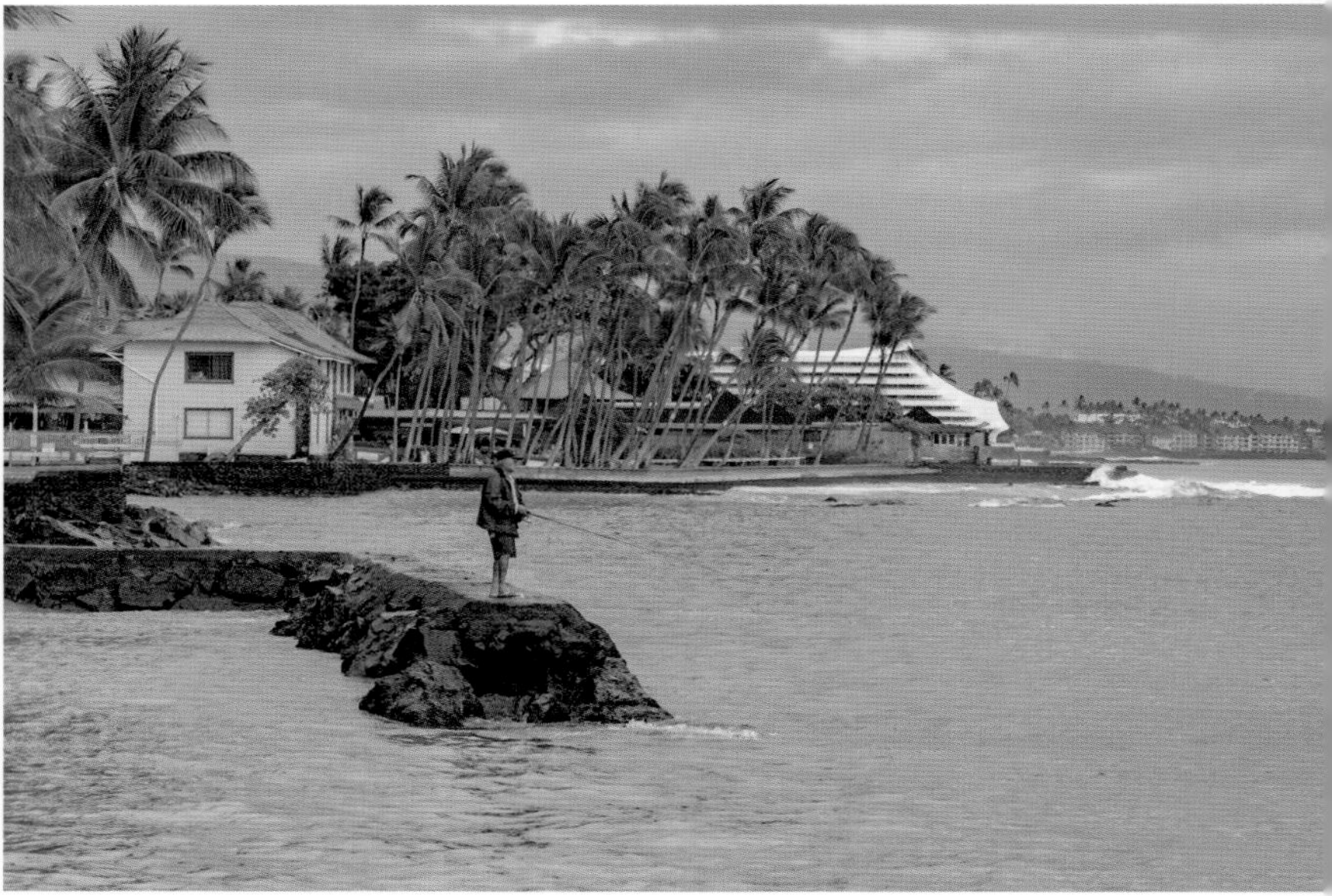

食卓の魚◎観光客でにぎわうカイルア・コナの釣り人。諸島ではポピュラーなマニニ（→P152）を狙う。竿の先にアオウミガメが顔を出すこともある。

10月25日
海への思い

余暇でよく見かけるのは釣りとピクニックだ。
いずれも海の見えるところで、という共通点がある。
ポリネシアの人々にとり、海は寝床のようなものだ。
だから釣果や食べ物にそれほどこだわりはない。
海に触れ、リラックスし、たっぷりと充電をする。
（ハワイ島）

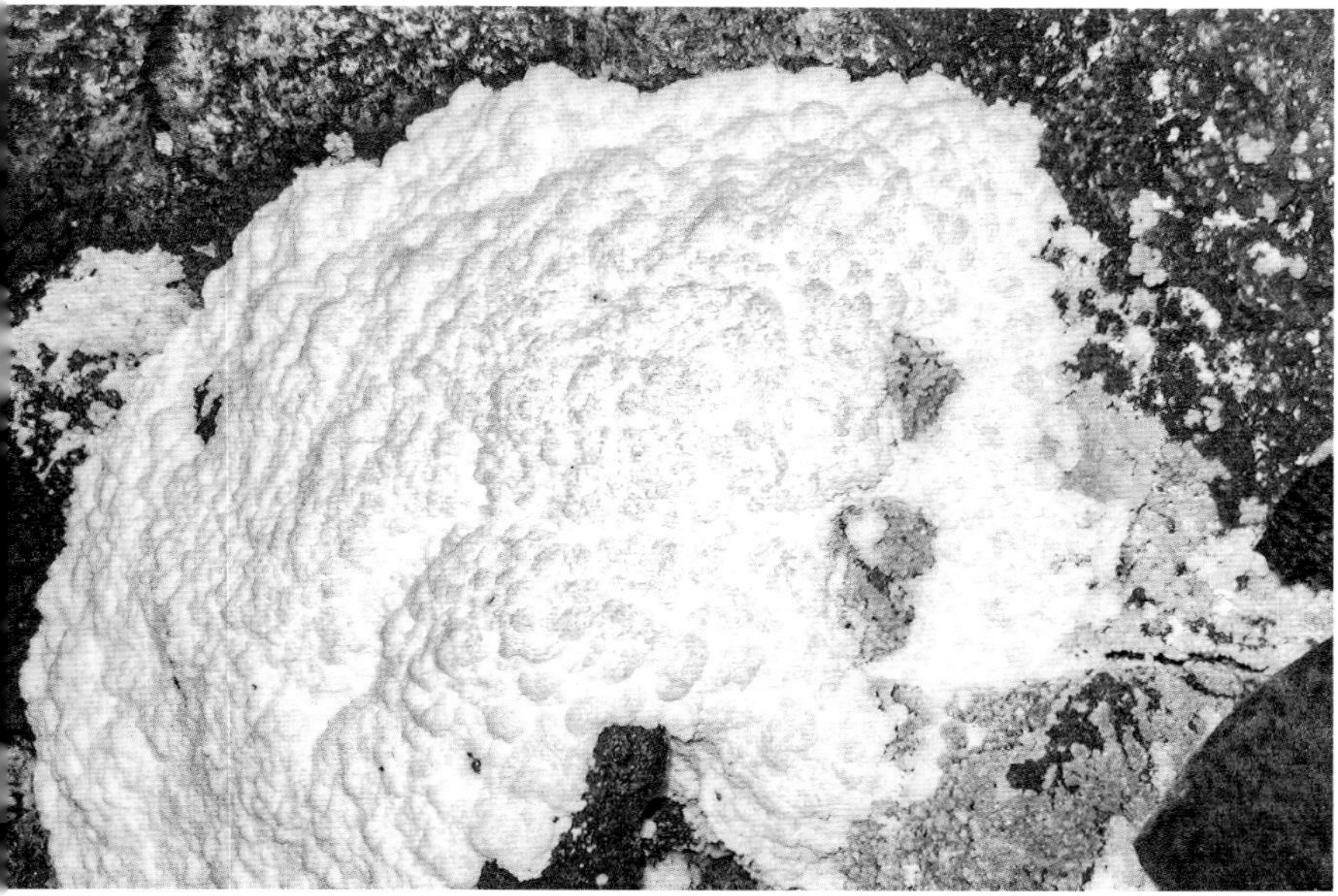

10月26日
秘められた色

溶岩洞窟には結晶や溶融物など
さまざまな生成物があって、
純白や青色など多彩な色が隠れている。
ときにはそこに住みつく生物がおり、
さらにはそれを捕食する動物がいる。
洞内の壁面に付着しているのはジプサム。
黒一色に見える地下空間には
ユニークな世界が広がる。
（ハワイ島）

ジプサム（石膏）◎硫酸カルシウムを主成分とする鉱物で、バサニ石、石膏、硬石膏の総称。火山洞窟の天井に垂れ下がる溶岩鍾乳や壁面に付着することがある。

パンノキ（ウル）◎モルッカ諸島原産。古くから太平洋の広い地域で食べられた。最大5キロになる実は1個で成人男性1日分のカロリーと栄養をまかなえる。

10月27日

第二の主役

ハワイの伝統社会ではタロイモが主食だった。
タヒチからの移住者が多く、
当地の食文化が反映したためだ。
マルケサス諸島から移り住んだ人々の主食は
パンノキの実だったが、主流になれなかったのは
調理に手間がかかったせいだ。蒸した実は
パンのようにホクホクとしている。
今日ではレンジでチンするだけだが、
残念ながら主食に躍り出る様子はない。
（カウアイ島）

10月28日
飢饉を救う

タロイモとパンノキの実のほかに、
サツマイモもよく食べられた。
土を耕したり、
収穫する際に掘り起こすという手間がかかるが、
救荒作物として重要だった。
加えてタロイモにはない魅力がある。
品種によっては甘みがあり、
子どもたちの人気を勝ち取った。
（カウアイ島）

サツマイモ（ウアラ）◎根茎と若葉が食用となる。タロイモの収穫量が減る乾季に主食とする地域もあった。蒸してポイのようにしたり乾燥させて保存食とした。

ホールフーズ・マーケット
◎オーガニックやメイドインハワイが充実しているグルメスーパー。オアフ島はカカアコのほかに、カハラ、カイルアにある。

10月29日
スイーツ

ハワイには甘いもの好きが多い。
しかし味覚の仕組みが異なるのか、
その甘さは度を超している。
レモンパイがそうであるように、
とんでもない量の砂糖が使われるのだ。
しかしカカアコのホールフーズのような
オーガニック系は健康志向が強く、
甘さもカロリーもよく考えられている。
というわけでこの日もお買い上げをした。
（オアフ島）

10月30日
パンの切れ端

マラサダとは
揚げパンのようなもので、
「パンの切れ端」が語源だ。
そのことから想像がつくように、
乏しい食生活のなかで考案された
簡素なデザートだった。
アゾレス諸島の住人が持ち込んだ
このデザートはまたたく間に
ハワイ中に広がり、
今ではソウルフードとなった。
（ハワイ島）

マラサダ◎創業のレナーズ・ベーカリー（オアフ島カイムキ）や、写真のテックス・ドライブイン（ホノカア）が知られる。ジャムやクリーム入りもある。

オノ・ファミリー・レストラン◎日系人が経営する老舗。朝7時の開店と同時に地元客が訪れ、朝食にオムレツやパンケーキをオーダーする。→P382

10月31日

流れる時間

カウアイ島で一度は顔を出す店のひとつに
オノ・ファミリー・レストランがある。
「フィフティーズは命！」とでも言うように、
平均年齢が恐らくは60代前後の女性たちが
ミニスカートと大きな髪飾りで
狭い店内を闊歩する。
なんだかタイムトラベルをしているようだ。
（カウアイ島）

11月1日
パワードリンク

完熟したコーヒーの実は
チェリーに匹敵するうまみがある。
しかしコーヒー豆を取り出す際に
丸ごと水に浸ける工程があるため、
ジュース用の果肉の確保は難しい。
ジュースはクセのある味だが、
栄養価はアサイーをはるかに超える。
缶ビールサイズのボトル裏には
「一度に飲むのは半分まで」との
ただし書きがあるほどだ。
（ハワイ島）

コーヒーベリー◎ビタミン類やポリフェノールを多く含み、アサイーの約15倍という高い抗酸化力を持つため、スーパーフルーツとして注目されている。

ホテル・モロカイ◎カウナカカイのビーチ沿いに位置する、ポリネシアの村をモデルにしたホテル。バーの目の前には、モロカイの静かな海が広がる。

11月2日

スポーツバーの文化

一人で観るよりみなで声援したい。
スポーツバーの立ち位置は
日本のそれと変わらないが、
モロカイ島では少し趣旨が異なる。
オープンな店が少ないこの島では、
観戦よりも寄り合いの性格が強いからだ。
この日も画面そっちのけで
釣果の話で盛り上がっていた。
（モロカイ島）

11月3日
カフェ&レストラン

コーロアの町の西隣にカラヘオの集落がある。
カラヘオ・カフェはコーヒー販売店だが、
軽食レストランとしての人気も高く、
店はつねに客であふれている。
お勧めはバーガーで、肉も野菜もバンズも
見事というほかない。
コーヒーの味がさらにいきるというものだ。

（カウアイ島）

カラヘオ・カフェ&コーヒー・カンパニー◎広大なコーヒー農園にたたずむカフェ。コーヒーは諸島から選りすぐったハワイ産。軽食も人気がある。→P382

マウナ・ロア◎標高4169メートルのハワイ第2位の高峰。ハワイ語で「長い山」の意味。海洋大気局観測所では世界で最初に地球の二酸化炭素の増加を発信。

11月4日
対岸の冬

マウナ・ケアに降る初雪の話題に
隠れがちだが、
彼方のマウナ・ロアも
この時季に雪化粧をする。
朝夕の肌寒さと日の短さが
それを教えてくれる。
（ハワイ島）

11月5日
収穫のとき

コーヒーの実が赤く色づく。
まだ青い実もあるので
一粒一粒を手摘みする。
その後時間をかけて乾燥させ、
コーヒー豆となる。
豆は多少の手間はかかっても
自分で焙煎したほうがいい。
特上の焙煎コーヒーに勝る。
（ハワイ島）

コナ・コーヒー◎マウナ・ロアの西麓に広がるコーヒー・ベルト地帯で育つ豆のこと。毎年11月上旬にカイルア・コナでフェスティバルが開催される。

グリーンウェル・コーヒー農園◎コナ地区の農園のなかでも歴史が古く、樹齢が100年を超すコーヒーノキもある。コーヒー博物館を併設する。

11月6日 農園に降る雨

ハワイ島では冬季を除き、
湿った風が北東から吹く。
貿易風と呼ばれるこの風は、
島の中央にそびえ立つ高山に
行く手を阻まれて上昇し、
島の北東部に雨をもたらす。
湿った風の一部はフアラーライ山に達し、
毎夕コーヒー・ベルト地帯に
雨を落とす。日々の雨と寒暖の差が
コーヒーを育む。

（ハワイ島）

11月7日
昭和の香り

キャプテン・クックの町にはマナゴという名の
クラシックなたたずまいのホテルがある。
日系人夫婦が開業したのは
100年も昔のこと。
当時は2部屋しかない小さな建物だった。
レストランはマナゴのもうひとつの顔だ。
古いインテリアと食器、
メニューに昭和の香りを嗅ぐ人は多い。
遠いハワイで古き良き日本を堪能する。
(ハワイ島)

マナゴ・ホテル&レストラン◎看板メニューはポークチョップ。メインディッシュの前に小皿に盛られた日本風の惣菜と白いご飯が運ばれてくる。→P382

11月8日
106歳の女将

てしま食堂◎コナ・コースト沿いの小さな町ケアラケクアにある日本食レストラン。刺身や天ぷら、オムライスなどの定食を楽しめる。↓P382

てしま食堂の手島静子さんが逝去した。
享年106歳。
名実ともに日系人史の生き証人だった。
カイルア・コナに生まれ、
ケアラケクアのホナロに
レストランを開業。一世紀にわたり、
ハワイ島の歴史を見つめてきた。
彼女の指定席だった椅子は
今も所在なげに主の帰りを待っている。
（ハワイ島）

11月9日
雨の音

ハワイでは雨に関わる言葉が多い。
なかでもカニレフアはよく知られる。
直訳すると「レフアの音」となるが、
花を叩く音を表すのではなく、
「霧雨がレフアの花にそっと触れるような……」
という状態を指す。カニの語源は「乾いた喉を潤す」で、
「乾いたレフアの花を霧雨が潤す」のだ。
そぼ降る雨からたたきつける雨まで、
ハワイの雨はさまざまな表現に満ちている。
（ハワイ島）

ヒロの雨◎ヒロの町には毎日雨が降ることから、観光地としての人気は低い。しかし雨は早朝に上がり、火山ガスの混じらない透明感のある青空が広がる。

コキ・フロッグ◎プエルトリコ原産。人を介して温暖な地域に侵入。ハワイではハワイ島で最初に発見された。世界の侵略的外来種ワースト100のひとつ。

11月10日

夜の合唱隊

ハワイ島に端を発した夜の合唱は、
今では諸島各地に広がる。
鳥か昆虫の声と勘違いしそうだが、
コキ・フロッグという陸生の蛙が発する声だ。
コキは必ずしも水辺を必要としないため、
またたく間に繁殖し、
今ではもっとも苦情の多い騒音源となっている。
外来種のハワイへの侵入はやむことがない。
（ハワイ島）

11月11日
物語の背景

マウナ・ケア山麓の、少し
奥まったところにアカカ滝がある。
下流にあるヒロの町にとっては
暮らしを支える貴重な水源だった。
そのため、神話を通じて
滝の神聖さを語り継いできた。
アカカは今も神々とともにある。
（ハワイ島）

アカカ滝◎伝説上の王で戦士のアカカに由来する。妻に浮気を気づかれたため崖から飛び込む。それを嘆いた妻が泣き崩れて岩となり、その後に滝が出現した。

マウナ・ケア◎山頂近くで天文台を見た後、満天の星を観察するツアーがある。下界との気温差は25度あり、冬季は雪が積もる。

11月12日

マウナ・ケア遠望

キラウエア・カルデラに日が差し、
朝霧が昇る。
霧はその先の丘から昇り、
彼方のマウナ・ケアからも立ち昇る。
幾重にも重なる奥深い霧は、
墨絵のような幽玄を感じさせる。
（ハワイ島）

11月13日 岩をなめる

マウナ・ケアの北麓に架かる
ナーヌエ橋から足元を見下ろすと
アレキサンダーヤシの森が広がる。
大地は黒々とした溶岩に覆われ、
川は岩をなめるようにして
海へと流れ下る。
ハワイ島はまだ若く土壌は少ない。
植物の多くは岩にしがみついて
生き続ける。
(ハワイ島)

ナーヌエ橋◎ハワイ島の北海岸に点在する農園からヒロへ、サトウキビを運ぶ列車を通すために造られた。ラウパホエホエに駅と線路の一部が残る。

コア◎ハワイ固有種。マメ科の植物でアカシアの近縁。1センチほどの玉状の花と三日月形の（偽）葉をつけ、その後に8～30センチほどのさやをつける。

11月14日
コアが刻む歴史

ハワイ最大の原生林を形作るのはオヒアだが、
伝統社会においてもっとも重要だったのはコアの森だ。
コアはカヌーの材料として、
欠かすことのできない存在だったが、
伐採が続き、森は消滅した。
カヌーの材料が消えたことで、
ポリネシアの島々との交流が途絶え、
太平洋からインド洋にいたる
伝統の航海術は消滅した。

（カウアイ島）

11月15日
琥珀に込められた時間

コケエ州立公園にコアの巨木があった。
葉は人の顔の大きさほどもあり、
王者のような風格を漂わせていた。
しかしかなりの老木で、
折れた枝先からは
琥珀があふれ出していた。
生長を続ける琥珀は、
世界の今を閉じ込め未来に発信する。
巨木は倒れ、夢はついえた。
（カウアイ島）

コケエ州立公園◎ナパリ・コーストを見下ろすカララウ展望台やプウ・オ・キラ展望台、ワイメア渓谷の自然を知る資料が揃うコケエ博物館などがある。

カラーカウア王◎ハワイ王国第七代の王。その名はワイキキの目抜き通りに残されている。誕生日のこの日、イオラニ宮殿では毎年誕生記念式典が開かれる。

11月16日

引き継がれるもの

ワイキキを訪れて
カラーカウア・アベニューを知らぬ者はいない。
かつての王の名を冠した通りには
ホテルやレストランが林立し
王国は今なお栄華に包まれる。
（オアフ島）

11月17日

贅をつくす

イオラニ宮殿は1882年に完成し、
カラーカウア王とリリウオカラニ女王が使用した。
贅をつくした家財や、
ホワイトハウスよりも早く引いた電気など
極めて豪華な造りで、
王たちのこだわりがうかがい知れる。
（オアフ島）

イオラニ宮殿◎王族の肖像画をはじめ、王族が使用した家具や装飾品が展示される。ハワイの歴史的建造物に指定されている。日本語によるツアーがある。

コア◎伝統社会ではカヌーの材料として、近世では教会の建材として、今日ではウクレレや木工の素材として重要な役割を担っている。

11月18日

鑑定士

その昔、カヌーの造り手は
森へ入ると特定のコアに狙いを定め、
三日三晩その木を観察した。
エレパイオが飛来するかどうかを確かめるのだ。
この鳥は木に住み着いた虫を食べる。
エレパイオが一度も姿を現さなければ
その木は内部に虫食いがないと判断し、
ようやく木を切りはじめた。

（カウアイ島）

11月19日

日没のノース・コナ

マウナ・ケアの西麓に広がる大草原に
風が吹き抜ける。
草原は大海原のように波立ち
そこが故郷でもあるかのように
彼方の西の海を指し示す。
（ハワイ島）

ノース・コナ◎ハワイ島コナ地区北部の総称。草原の先にはワイコロア・ビレッジがある。

マナヴァイオプナ滝◎映画の最後に登場するヘリの脱出シーンで使用された。周りは私有地なので、滝の近くまではヘリコプターツアーを利用する。

11月20日
ハリケーンの迫力

映画『ジュラシック・パーク』はカウアイ島で撮影され、爆発的にヒットした。物語のエピローグで巨大なハリケーンが襲いかかり、施設が壊滅的打撃をこうむるシーンがあったが、これは事実だ。ハリケーン・イニキという名の暴風雨がカウアイ島を襲い、大きな被害を出した。ヘリコプターが垂直上昇し、間一髪で難を逃れるシーンは写真の滝で撮影された。

（カウアイ島）

11月21日 虹の日々

虹は日常のそこかしこにあって
ハワイが虹の州であることを
改めて知らされる。
なかでも地上すれすれに架かる虹に
勝るものはない。
おとぎの国へ招かれるような
気持ちとなる。
（カウアイ島）

虹◎天候の移り変わりが早い土地によく出現する。諸島のなかでもカウアイ島は雨の多い島で、太陽が高い位置にあると地を這うような虹が出現しやすい。

ショウジョウコウカンチョウ◎南米原産。ハワイでは近縁にあたる南米原産のキバシコウカンチョウ、北米原産のコウカンチョウが見られる。

11月22日

招かれざる客

朝の目覚めを演出するのが
チョウショウバトであれば、
日中にひときわうるさいのは
ショウジョウコウカンチョウだ。
地元ではこの鳥の説明に詳細はいらない。
メジャーリーグの
セントルイス・カージナルスのマスコット
と言えば通じる。
（マウイ島）

11月23日
海を隔てて

ヒロの町で数日を過ごすようなときは、早朝にココナッツ・アイランドを訪れる。マウナ・ケアはあいにくの雲に隠れているが、ココヤシを揺らす風が心地よい。海を隔てた景観を独り占めして飲むコーヒーは至福だ。

（ハワイ島）

ココナッツ・アイランド◎ヒロのワイアケア半島と橋でつながる小島。ハワイ名をモクオラ（癒しの島）と言い、病人を治す聖地としての役割があった。

チャーリーズ・タイ・キュイジーヌ◎アラカルトも充実。パッタイ、トムヤンクン、グリーンカレーなど、本格的なタイ料理を味わえる。→P382

11月24日

本気の食卓

かしこまった食事に誘うのであれば、
ワイメアのチャーリーズ・
タイ・キュイジーヌに限る。
どれほど食にうるさい者でも納得する味だ。
コースのはじめはパパイアのサラダから。
少し辛めのこのサラダを口にすれば
その後のメニューは説明不要だ。
（ハワイ島）

11月25日 ウィルヘルミナ・ライズ

アメリカの道路は基本的に
地形をそのまま利用し、
ひたすら真っすぐにのばそうとする。
そのようなわけでホノルルの
カイムキにあるこの坂は
頂に向かって直上する。
直線で2キロメートルほど、
高低差200メートルの坂道は
サンフランシスコ市民も
腰が引けるだろう。

（オアフ島）

カイムキ◎ホノルルの旧中心街。ワイアラエ・ストリートに面して古い商店街が並ぶ。ライズとは坂道のこと。山側はウィルヘルミナ・ライズに似た坂道が多い。

デック◎クイーン・カピオラニ・ホテルのメインダイニング。ハワイ近郊で獲れた魚料理からハワイ島産の牛ステーキまで幅広いメニューが揃う。→P382

11月26日

ダイヤモンドヘッドに抱かれて

ワイキキのレストランには
腕に覚えのあるシェフが集まる。
加えてホテル系はインテリアにもこだわりを見せる。
クイーン・カピオラニ・ホテルのデックには
さらなる秘密兵器がある。
ベランダの先に広がるダイヤモンドヘッドだ。
プールとトーチまで備え、
火の山を余すところなく一望できる。
（オアフ島）

11月27日

狩猟期間を見極める

ワイルド・ターキーはバーボンの代名詞だが、
ラナイ島にも狩猟目的で導入された
ワイルドターキーがいる。
この大型の鳥はなかなかに賢く、
狩猟期間中は森の奥に潜んでいるが、
禁猟期間になると堂々と歩き回る。
長い歳月をかけて体が覚え込み、
代々、子は親からそれを受け継いだのだろう。
（ラナイ島）

狩猟◎ラナイ島には狩猟用としてターキーのほかにシカも放たれていて、禁猟期間になると顔を出す。先住民が諸島に持ち込んだブタやヤギも野生化している。

カロコ・ホノコーハウ国立歴史公園◎カロコ、アイマカパなどの養魚池は、ハワイ先住民の優れた技術を証明する。公園内の史跡は歩いてめぐることができる。

11月28日
海の壁

カイルア・コナの北側には
カロコ・ホノコーハウ国立歴史公園が広がる。
海岸には養魚池が点在し、
巨大な石積みが海の浸入を阻む。
周囲は溶岩に覆われるが、かつては海岸を貫く
アラ・カハカイという名の道を中心に
漁業の集約地として利用された。
魚は主に首長のもので、壁の補修も欠かせなかった。
のどかな風景の背後には過酷な日々があった。
（ハワイ島）

11月29日
聖地に降り立つ

プウホヌア・オ・ホナウナウ一帯は、
かつて多くの神殿が集まる一大宗教地区だった。
神殿には神との交わりから
雨乞いの儀式にいたるまで、
さまざまなタイプがあった。
今から200年ほど前、キャプテン・クックは
そのような聖域に降り立ち、神として崇められ、
その後に殺害された。
（ハワイ島）

プウホヌア・オ・ホナウナウ国立歴史公園◎プウホヌアとは古代ハワイの避難所を意味する。庶民にとって「駆け込み寺」のような命乞いの場所でもあった。

武器◎伝統的なものに、長さ3メートルを超す木製の槍、こん棒、ナイフなどがある。鉄器や青銅器などの金属文化がないハワイでは、いずれも木で作られた。

11月30日
サメの歯が刻むもの

伝統ハワイの典型的な武器のひとつに
レイ・オ・マノがある。
こん棒の周囲に
サメの歯をくくりつけたもので、
殴られると皮膚は複雑に裂けて
致命傷となる。
欧米人はこの武器を
野蛮と決めつけたが、そうだろうか。
武器は等しく野蛮なのだ。

（オアフ島）

12月1日
溶け込む体

サーフィンは
西欧社会と接触するはるか以前から
日常の一部としてポリネシア文化に根づいていた。
ハワイ語でヘエ・ナル（波を滑る）と言うが、
ヘエには「溶ける」という意味もあり、
海と一体化するということでもあるのだ。
ハワイ発祥のボディーボードもそれは同じ。
波と一体になって母なる海を感じる。
（ハワイ島）

ボディーボード（ブギーボード）◎サーフボードに匹敵する波乗りで、ボードに腹ばいの姿勢を取るので乗りこなしが早い。

マイレ◎伝統的なマイレのレイは、フラの女神ラカに捧げるものだった。そのため、結婚式に用いるときは神に対して貞節を誓うという意味も込められている。

12月2日 込められる願い

マイレの茎を剥ぐと
甘い香りの液が染み出る。
アルカロイドという有毒な液だ。
マイレは結婚式でレイにして
首にかけるが、輪は決して閉じない。
赤ん坊がこれにからまって死ぬのを
避けるためと言われるが、
二人の関係に毒をためない
という意味を込めたのだろうか。

(オアフ島)

12月3日

煩悩は波より高し

伝統文化として今日にいたるサーフィンだが、
サーフボードは素材や形状、重量など、
あらゆる点が進化した。
しかし、波に乗るという基本は変わらないし、
大波に挑んで勇気を示すという
通過儀礼のような考えも変わらない。
肉体と精神を極限まで鍛え上げようとするのだ。
とはいえ、ショップであれこれ悩むという煩悩は
なかなか消えない。

（ハワイ島）

フラカイ◎1963年から続くヒロのサーフボードショップ。スタンドアップパドルやカヌーのレンタル、サーフィンレッスンも行っている。

12月4日
時を継ぐ者

ハレイヴァ・タウン◎かつてサトウキビ列車が通り、移民労働者のための劇場や公衆浴場があった。今日ではサーファーの町としてカイルアに並び人気がある。

かつてのハレイヴァは、
豆腐屋や銭湯、惣菜屋が軒を連ねた
純和風の町だった。今、サーファーと
トレンドショップの町となったことに
古い世代は何を感じるだろうか。
頑なさはこの町に似合わない。
移民文化の前には伝統文化の時代、
それ以前は動植物の桃源郷があった。
変化こそがハワイだと
ハレイヴァの町は伝える。
（オアフ島）

12月5日
発信基地

ハレイヴァの文化はサーファーたちが作り、
サーファーの文化は当地に店を構えた
アウトドアショップのパタゴニアが一翼を担った。
店は商品の販売だけでなく、海の情報を提供し、
ビーチの清掃やサーフィンの啓蒙などに
大きな役割を果たしてきた。
パタゴニアのスタッフは
多くのことを教えてくれる。
（オアフ島）

パタゴニア・ハレイヴァストア◎パタゴニアとアロハをかけた「パタロハ」が人気。ハレイヴァストア限定のTシャツやエコバッグも人気がある。

ハワイ語◎先住ハワイ人の言語で、ハワイ州の公用語に指定されている。5つの母音と8つの子音の組み合わせからなり、基本的にはローマ字読みができる。

12月6日

ハワイアン・ルネッサンス

1980年代まで、ハワイの伝統文化教育は散発的なものだった。

その後、州レベルで見直しがはじまる。カヴァイハエの教育システムもその一環で、幼時からハワイ語での教育を受けるほか、農業、漁業、フラやレイなどの伝統文化を学び、知識と体験を総合的に積み重ねていく。ハワイの文化はハワイ語とともにある。

(カウアイ島)

12月7日
オーガニックへ

ハワイでもオーガニック食材を求める声は
大きくなり、ホールフーズのような
専門店だけでなく、セイフウェーに代表される
スーパーマーケットでも取り扱いはじめた。
ハワイには古くからダウン・トゥ・アースや
アイランド・ナチュラルズなどがあるし、
カウアイ島のように地産地消の文化が
根づくところもあるが、
ようやくハワイの島々を席巻しはじめた。
（オアフ島）

オーガニック食品店◎1977年にマウイ島で誕生したダウン・トゥ・アースをはじめ、地元産、鮮度のよさ、オーガニック、ナチュラルを謳う店が増加中。

ビーチサンダル◎アメリカ本土ではフリップ・フロップと呼ばれる。1932年創業スコット・ハワイのビーチサンダルは、ハワイの人々の家でよく見られる。

12月8日

和製英語の世界

ビーチサンダルの考案者はアメリカ人だが、
日本の草履から着想を得たという。
製作は日本、販売はアメリカ本土、
売れ出したのはハワイ州だ。
ビーチサンダルは和製英語だが、
ハワイではそれで通じる。
もしかすると草履の文化に対する
敬意なのかもしれない。
（オアフ島）

12月9日

州民の誇り

ハワイにはプロスポーツチームがない。
開催されるプロゲームはいくつもあるし、
プロになったハワイアンも多い。
なかでも野球の人気は高く、メジャー公認の
本格球場であるアロハスタジアムが造られた。
球場は州民の誇りそのものなのだ。
ただしここを訪れる観光客は昔も今も
フリーマーケットがお目当てのようだ。
（オアフ島）

アロハスタジアム◎ハワイ州最大の屋外アリーナ。毎週水、土、日曜は、駐車場に400ものブースが並ぶスワップミート（フリーマーケット）が開催される。

12月10日 酒の肴

トローリング◎狙うはカジキ（ビルフィッシュ）、クロカジキ（ブルーマーリン）、マグロ、シイラなど。現地にはさまざまなトローリング・ツアーがある。

コナはトローリング基地として知られる。
なかでもカジキ漁が盛んで、
とくにクロカジキの人気が高い。
水揚げ場では巨大な獲物が見られるが、
ホテルやレストランでも
レプリカを飾るところがある。
島では野球やアメフトと同じように
トローリングが酒の肴となるからだ。
（ハワイ島）

12月11日
冬の季節

ハワイにも四季はある。
ワイキキには紅葉も雪景色もないが、
朝夕の肌寒さで季節の移ろいを感じる。
ビーチ脇に置かれた自転車は
近所のサーファーのものだろうか。
ペダルの先に沈みゆく夕日があり、
そこからいつもより少し涼しい風が吹きつけて
顔を撫でた。
（オアフ島）

自転車◎ハワイではバスの前面にのせられる。２０１７年にはホノルルでレンタル自転車（ビキ）が誕生。１３０カ所以上ある駐輪所から自由に出し入れできる。

フライドライス◎いわゆるチャーハンのこと。ハワイではB級グルメとして人気。店によって味も見た目も、入っている具もさまざま。ボリュームもある。

12月12日
裏メニューの楽しみ

ヒロのスイサンに隣接する
ジ・アイル・カフェでは
マグロをふんだんに使ったチャーハンが絶品だ。
メニューには記載されていないが、
オーダーの際に告げれば作ってくれる。
人気の高いホノルル・サイドストリートインの
フライドライスに感じる主張の強さとは
対極の素朴さだが、
漁師飯のような味を楽しめる。
（ハワイ島）

12月13日 刻まれる歴史

5年前に建造100年を迎えた
キラウエア灯台は、
ダニエル・K・イノウエの名を冠した。
ハワイ島ではハイウェーに、
オアフ島ではホノルル空港に、
マウイ島ではハレアカラーの山頂直下に
建造された太陽望遠鏡に彼の名がつく。
今日、ハワイの伝統文化に
日系人の文化が深く混ざり合う。
（カウアイ島）

ダニエル・ケン・イノウエ
◎1924年ハワイ州生まれの政治家。第二次世界大戦で右腕を失う。戦後は上院議員などを務めた。2012年没。

篠遠喜彦（しのとおよしひこ）◎人類学者。ホノルルのビショップ博物館に勤務し、太平洋全域を探険調査。ハワイ島で釣り針、ソシエテ諸島でカヌーを発掘。

12月14日
ドクター・シノト

故篠遠喜彦先生とはお会いするたびに
食事をご一緒した。毎回のように
異なるレストランを訪れ、先生の一押しをいただく。
こちらの好みを熟知しているかのような料理に
いつも唸らされたものだ。
ワードにあったメキシコ料理の
コンパドレスもそのひとつで、
奥さままで日系人研究家の故和子さんと
三人でよく出かけた。
少し寂しくも懐かしい思い出だ。
（オアフ島）

12月15日

太平洋諸島の重鎮

ビショップ博物館はハワイ州のみならず
太平洋の島々に関するアーカイブスを
一手に引き受ける。
館内をめぐればハワイの成り立ちや文化だけでなく、
それが成立した背景についても
理解できるはずだ。
知らないハワイがここにある。
（オアフ島）

バーニス・パウアヒ・ビショップ博物館◎1889年創設。ハワイとポリネシア圏を中心とする太平洋全域の人類学、自然科学、生物学に関して影響力を持つ。

ハワイ・プランテーション・ビレッジ◎日本、中国、ポルトガル、プエルトリコ、フィリピンなど各国の移民たちの、当時の住居や生活必需品が保存されている。

12月16日

タイムカプセル

ワイパフのハワイ・プランテーション・ビレッジは、日系移民だけでなく、欧州やアジア各地から訪れた労働者の暮らしを復元している。

医療施設や生活物資の販売店、講堂など、いずれの国にも共通な施設が多いが、公衆浴場のような日本の文化に関わるものもある。風呂はひとつで、浴槽の中央に男女を隔てる壁がある。しかし、潜れば行き来できるのはご愛敬だ。

（オアフ島）

12月17日 遊び盛り

アカアシカツオドリという和名は、カツオと同じ小魚を餌とすることに由来する。魚を獲るのはうまいが、キラウエア岬では体の大きなオオグンカンドリに横取りされることもある。しかしまた獲ればいいとのんきに構えているのか、餌を取られたこの2羽はすぐに遊びに夢中となっていた。

（カウアイ島）

アカアシカツオドリ（アー）
◎カツオドリ科カツオドリ属の海鳥。ハワイと日本を含む世界の熱帯地方に生息する。アーというハワイ名はその鳴き声による。

クア・アイナ◎1975年創業。当時は町の表通りに面し、キッチンからの煙で店内がかすんでいた。写真は新館。マヒマヒ（シイラ）は、ハワイでは高級魚として扱われる。
↓P382

12月18日 マヒマヒバーガー

ハレイヴァのパタゴニアでのこと。
昼メシでも食おうということになって
店長と、初代のクア・アイナを訪れた。
小さな店だったが威勢はよかった。
メニューを手に取ると、
ここは任せてと言い、
彼はマヒマヒバーガーを注文した。
当時は裏メニューだったが、この魚が
こんなにうまいとは驚きだった。
（オアフ島）

12月19日

ブタの神さま

ブタをペットとして飼う人が少なからずいる。
背景にはハワイの神話があるのかもしれない。
火山諸島であるハワイでは
火の女神ペレが絶大な力を持つが、
その夫の素性はなんとブタ。
夫婦げんかをするとすぐに逃げるという
憎めないキャラのせいか、人気は高い。
（マウイ島）

ブタとレイ◎ハワイではさまざまなお祝い事にレイをかける。その際、ペットにもかける人がいる。犬はしばしば見かけるが、子ブタのレイは珍しい。

モアナ・サーフライダー・ウェスティン・リゾート&スパ◎1901年にモアナホテルとしてオープン。その後の歴史は中庭のバニヤンツリーが見守ってきた。

12月20日

波の音

1934年から40年間続いた
「ハワイ・コールズ」というラジオ番組がある。
ハワイの魅力を、当時としては珍しく
実況中継で行った。収録はモアナホテルで、
砂浜に押し寄せる波の音と、
ウクレレやスラックキーギターが奏でる
ハワイアン音楽が世界中に流された。
マーク・トゥエインの新聞記事や
ルーズベルト大統領の来訪よりも
反響があった。
（オアフ島）

12月21日
夜のしじま

ワイキキの喧噪を離れ、
ダイヤモンドヘッドを東へ回り込むと
ワイアラエ・ビーチとなる。
砂浜は小さく、手前の公園にも訪れる人は少ないが、
サンセットを迎えると様相は一変する。
空一面が鮮やかに彩られ、
ワイキキにも劣らぬ壮大な劇場と化す。
（オアフ島）

ワイアラエ・ビーチ◎オアフ島カハラの高級住宅街にある静かなビーチ。隣のカハラビーチはよく知られるが、こちらは静かで、観光客より地元の人が多い。

コナ・ベイ・ブックス◎倉庫を利用した大型古書店。書棚にずらりと本が並ぶ様子はまさに書物庫。掘り出し物を見つけてほしい。

12月22日 引き継がれる過去

次々と書店がつぶれていく。
ハワイに残る大型書店は数えるほどとなった。
古書店は新刊書店の消滅を補うように、
新刊を備える傾向にある。
しかし古書店には本来の役割がある。
カイルア・コナとヒロにある巨大な本の倉庫は
歴史のデータベースのようなものだ。
その役割が未来に引き継がれることを祈る。
（ハワイ島）

12月23日
ディープなハワイ

ハワイのことを知るのはガイドブックからだろうか。
歴史書や小説を読む人もいれば、植物や動物、
あるいはレイやフラなどの文化から入る人もいる。
十人十色ということだ。
ハワイの大型書店では「ハワイアナ」というコーナーが
用意されていて、ほぼすべての分野を取り揃えている。
ハワイをディープに知りたければ
ここからスタートするという手もある。
(オアフ島)

書店◎かつてウォールデンブックス、ボーダーズ、バーンズ&ノーブルというブックチェーンがあった。前のふたつは消滅し、後者も数えるほどとなった。

海（モアナ）◎ハワイの人々のレジャーと言えばカヌーやサーフィン、泳ぎや釣りなど海遊びが主流。家族で楽しむビーチピクニックもハワイならではの光景だ。

12月24日
海で学ぶ

家族が遊びに行くというとき、
日本では多くの選択肢があるが、
ハワイでは海へ行く。山や庭園もあるが、
遊びに行くとは海へ行くということだ。
子どもたちはここで危ない目や
痛い目に遭いながら
大人への階段を踏んでいく。

（オアフ島）

12月25日

オーナメントの楽しみ

クリスマスが近づくと
ツリーやサンタが飾られる。
サンタがサーフボードに乗ったり、
水着にサングラスだったり、
ウクレレを弾く。
いずれもハワイらしい。
それらのオーナメントを
少しずつ集めている。
（マウイ島）

クリスマス◎ダウンタウンではホノルル・シティ・ライツ、アラモアナ・センターではサンタの撮影会、ワイキキのホテルでは建物を飾りつける。

クアラプウ・クックハウス
◎ロコモコやプレートランチ、チキンカツ、マヒマヒのグリルなど、いずれもじっくりと手をかけて仕上げている。→P382

12月26日
究極のアヒカツ

クアラプウのクックハウスは、
また訪れたいと思わせる
モロカイ島唯一のレストランだ。
どれも間違いなくうまいが、
マグロを揚げたアヒカツは絶品のひとつ。
ワサビ入りのタルタルソースをかけていただく。
カツの半分は海苔が巻いてあって、
これがまた小憎らしいほど郷愁を誘う。
(モロカイ島)

12月27日 立ち漕ぎの楽しみ

スタンドアップパドルは、
ボディーボードよりも少し早く
ハワイで誕生した。
ワイキキのビーチボーイズが
カヌーのパドルを使って立ち漕ぎを
してみたら思いのほか快適で、
それがまたたく間に世界に広がった。
各自の体力とペースで楽しめる点が
多くのファンを生み出したのだろう。
遠めにはアメンボウのようだ。

（カウアイ島）

スタンドアップパドルボード◎カヌーのようにクルージングしたり、サーフィン同様に波乗りをすることもできる。海はもちろん、川や湖でも楽しめる。

テレサ・ブライト◎ホノルル出身の歌手。ハワイのグラミー賞にあたるナ・ホク・ハノハノ賞を3度も受賞している。歌詞はハワイ語で書かれることが多い。

12月28日

伝わる波動

ハワイアンミュージックの楽しみ方はいろいろあるが、
個人的には身近なイベントが好きだ。
ウォルマートの売り場で突然演奏がはじまるなど
オープンスペースでだれもが好きな距離で
演奏を楽しんでいる。
この日はテレサ・ブライトに遭遇する。
目と鼻の先の彼女の声は波動のように体を包む。
これぞライブ。これぞ至極。
（マウイ島）

12月29日 時代がつくる重み

ハワイの日本人移民100周年を記念し、
1968年に建てられた平等院鳳凰堂の
レプリカに、当時は違和感があった。
歴史を背負わぬがゆえの軽さだろうか。
しかし半世紀を経てほどよく自然に調和し、
建物は独特の存在感を漂わせるようになった。
その点は素直に喜びたいが、
入場料の徴収やみやげ物店など、
拝金主義的な変化はいただけない。
（オアフ島）

バレー・オブ・ザ・テンプルズ・メモリアルパーク◎コオラウ山脈の懐に抱かれた庭園。広大な敷地内に、禅の庭、瞑想用パビリオン、鯉が泳ぐ池などがある。

ダニエル・K・イノウエ・ホノルル国際空港◎各航空会社が設けた待合室は、カード会社のそれより広く静かなことに加え、空港内の買い物情報も得られる。

12月30日

振り返る旅

旅や仕事を終え、
帰国の途につく人たちが思い思いに
滞在の日々を振り返る。
たっぷりのアロハを身にまとい、
スーツケースいっぱいのアロハを持ち帰る。
蓄えが底をついたら、
またここへ戻ろう。
（オアフ島）

12月31日

旅の終わり、そして始まり

いつだって心残りがある。
後ろ髪を引かれながらハワイを後にする。
飛行機がタラップを離れ、
滑走路の手前で停止するわずかな間、
窓外に広がる景色を見つめる。
ダウンタウンからダイヤモンドヘッドまでを一望し、
滞在中のあれこれを思い返す。

（オアフ島）

飛行機◎その日の風向きにもよるが、進行左手の座席に乗ると、離陸前の一時停止の際に、ダウンタウンからダイヤモンドヘッドまでを一望できる。

オアフ島

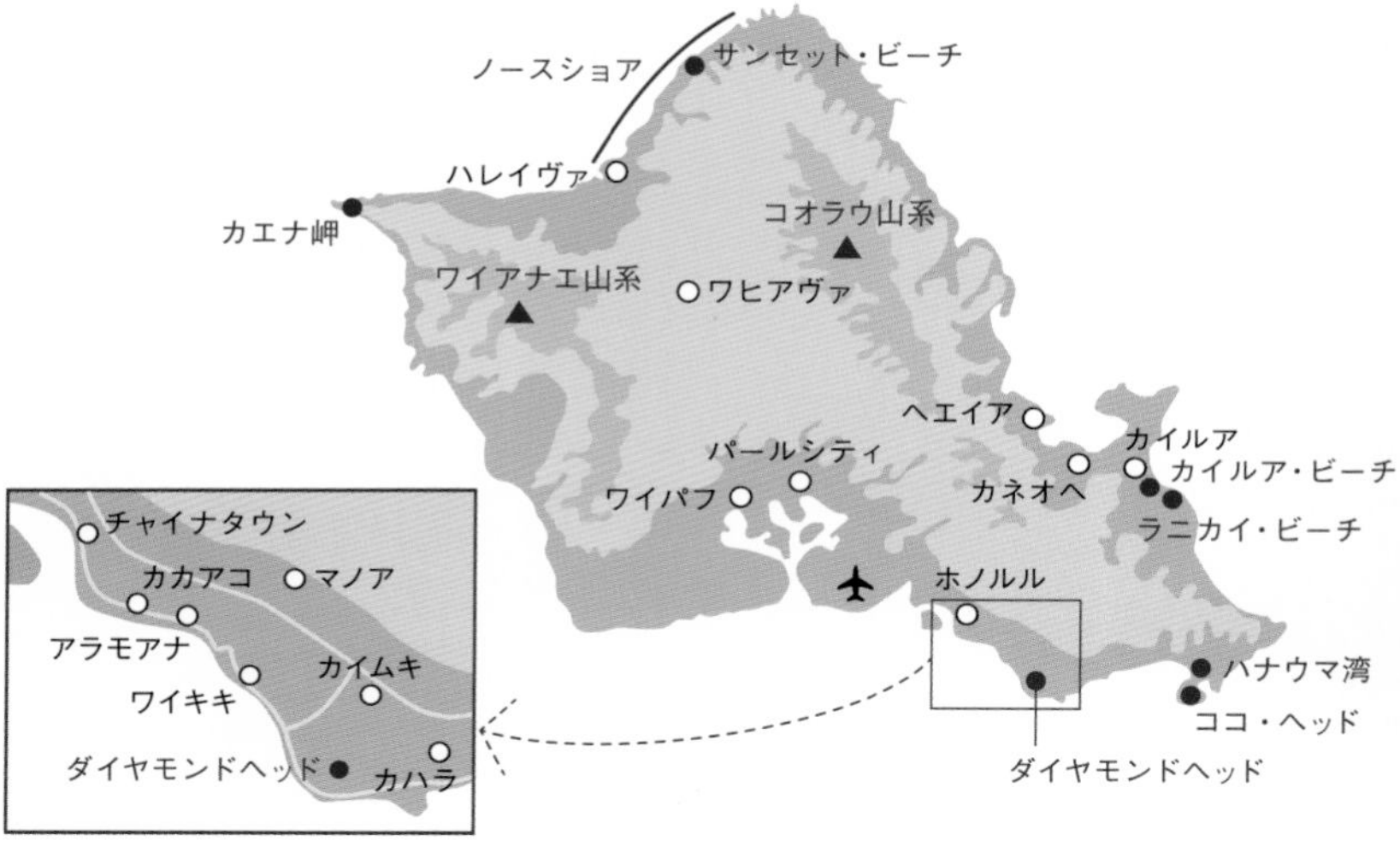

ノースショア
サンセット・ビーチ
ハレイヴァ
カエナ岬
コオラウ山系
ワイアナエ山系
ワヒアヴァ
ヘエイア
カイルア
パールシティ
カネオへ
カイルア・ビーチ
ワイパフ
ラニカイ・ビーチ
ホノルル
ハナウマ湾
ココ・ヘッド
ダイヤモンドヘッド
チャイナタウン
カカアコ
マノア
アラモアナ
カイムキ
ワイキキ
ダイヤモンドヘッド
カハラ

ハワイ島

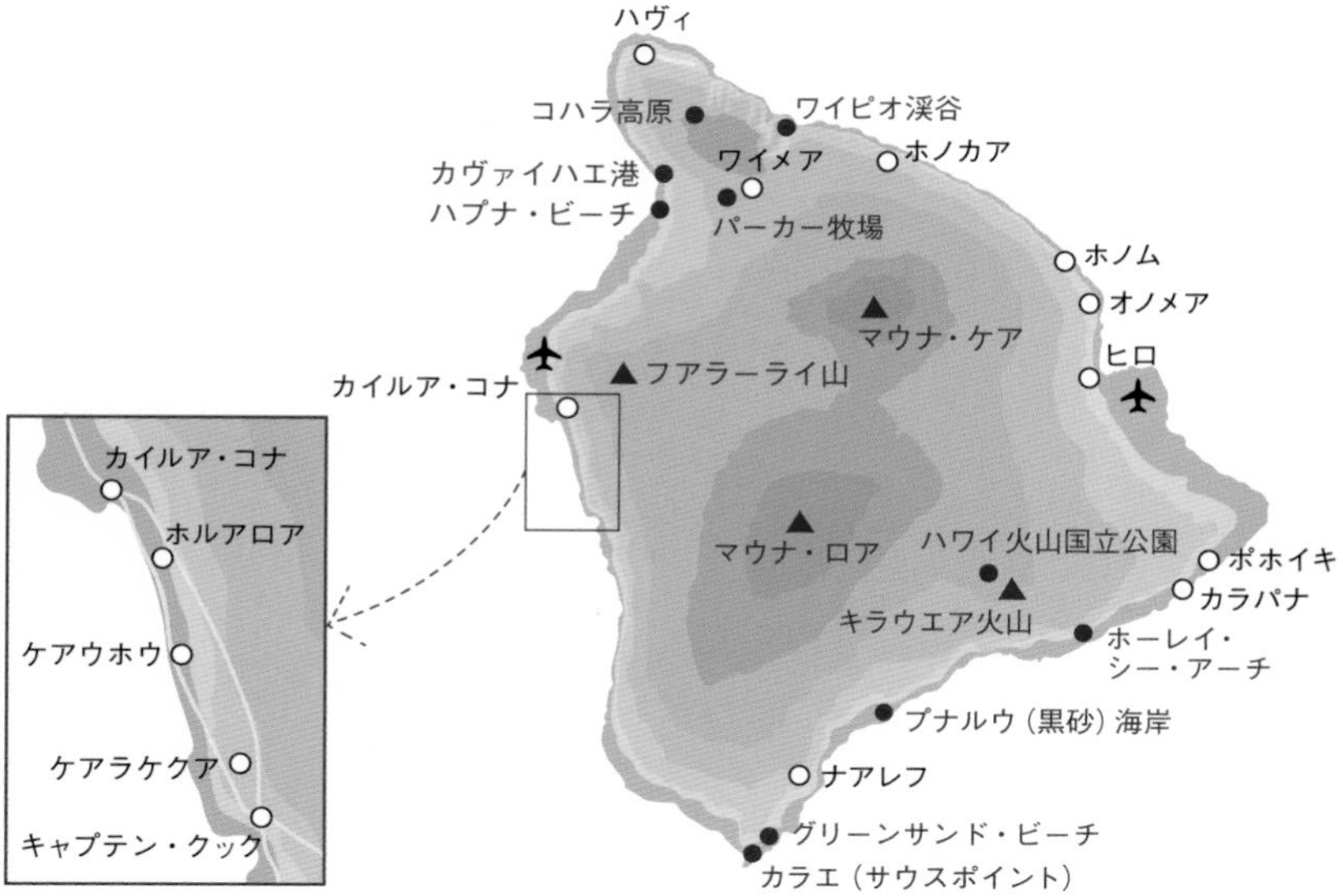

ハヴィ
コハラ高原
ワイピオ渓谷
カヴァイハエ港
ワイメア
ホノカア
ハプナ・ビーチ
パーカー牧場
ホノム
オノメア
マウナ・ケア
ヒロ
カイルア・コナ
フアラーライ山
カイルア・コナ
ホルアロア
マウナ・ロア
ハワイ火山国立公園
ポホイキ
カラパナ
キラウエア火山
ケアウホウ
ホーレイ・
シー・アーチ
プナルウ（黒砂）海岸
ケアラケクア
ナアレフ
キャプテン・クック
グリーンサンド・ビーチ
カラエ（サウスポイント）

カウアイ島

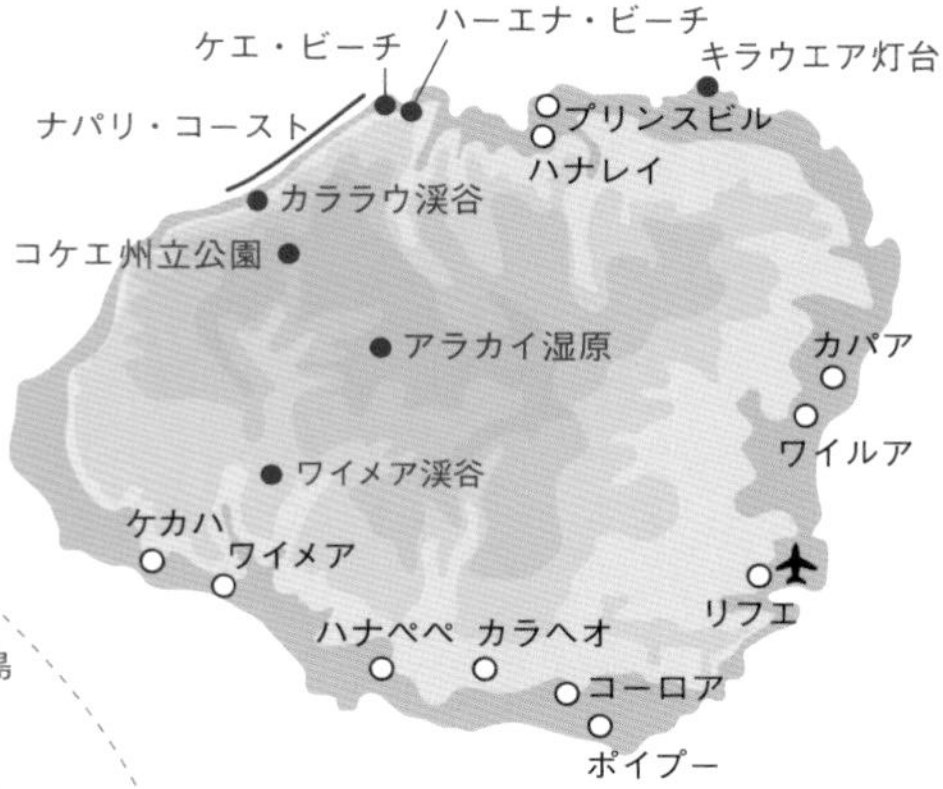
ハーエナ・ビーチ
ケエ・ビーチ
キラウエア灯台
プリンスビル
ハナレイ
ナパリ・コースト
カララウ渓谷
コケエ州立公園
アラカイ湿原
カパア
ワイルア
ワイメア渓谷
ケカハ
ワイメア
リフエ
ハナペペ
カラヘオ
コーロア
ポイプー

カウアイ島
オアフ島
ニイハウ島
モロカイ島
マウイ島
ラナイ島
カホオラヴェ島
ハワイ諸島
ハワイ島

マウイ島・モロカイ島・ラナイ島

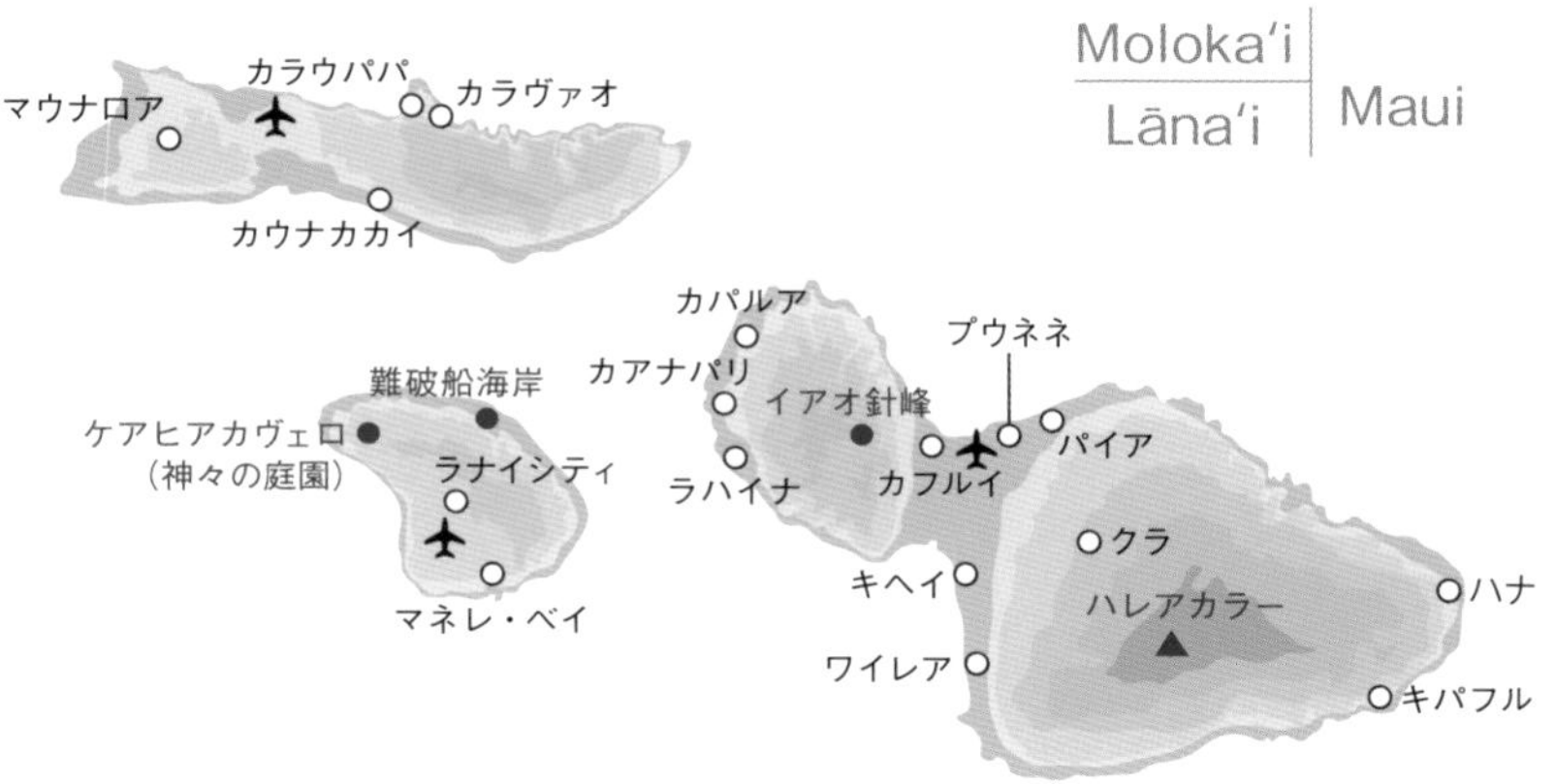
Moloka'i
Lāna'i
Maui
カラウパパ
マウナロア
カラヴァオ
カウナカカイ
カパルア
プウネネ
カアナパリ
難破船海岸
イアオ針峰
ケアヒアカヴェロ
(神々の庭園)
パイア
ラナイシティ
ラハイナ
カフルイ
クラ
キヘイ
ハナ
ハレアカラー
マネレ・ベイ
ワイレア
キパフル

項目別索引

【植物系】

【動物】

飲食店リスト

【ア】

アート・カフェ・ヘミングウェイ（5月14日）
4-1495 Kuhio Hwy., Kapaa, Kauai
☎808-822-2250

オノ・ファミリー・レストラン（10月31日）
4-1292 Kuhio Hwy., Kapaa, Kauai
☎808-822-1710

【カ】

カネオヘ・パンケーキハウス（2月27日）
46-126 Kahuhipa St., Kaneohe, Oahu
☎808-235-5772

カネミツ・ベーカリー＆コーヒー・ショップ（9月28日）
79 Ala Malama Ave., Kaunakakai, Molokai
☎808-553-5855

カフェ100（9月15日）
969 Kilauea Ave., Hilo, Hawaii
☎808-935-8683

カラヘオ・カフェ＆コーヒー・カンパニー（11月3日）
2-2560 Kaumualii Hwy., Kalaheo, Kauai
☎808-332-5858

クア・アイナ（12月18日）
66-160 Kamehameha Hwy., Haleiwa, Oahu
☎808-637-6067

クアラプウ・クックハウス（12月26日）
Hwy 480 Uwao St., Kualapuu, Molokai
☎808-567-9655

ケンズ・ハウス・オブ・パンケーキ（10月7日）
1730 Kamehameha Ave., Hilo, Hawaii
☎808-935-8711

コージズ・ベントーコーナー（2月23日）
52 Ponahawai St., Hilo, Hawaii
☎808-935-1417

コーヒーシャック（5月6日）
83-5799 Mamalahoa Hwy., Captain Cook., Hawaii
☎808-328-9555

コナ・ブリューイング・カンパニー（3月14日）
74-5612 Pawai Place, Kailua Kona, Hawaii
☎808-334-2739

クローニーズ・バー＆グリル（2月15日）
11 Waianuenue Ave., Hilo, Hawaii
☎808-935-5158

【サ】

サム・チョイズ・カイ・ラナイ（8月1日）
78-6831 Alii Dr., #1000, Kailua-Kona, Hawaii
☎808-333-3434

ジ・アイル・カフェ（5月23日）
93 Lihiwai St., Hilo, Hawaii
☎808-969-3434

シーサイド・レストラン（9月1日）
1790 Kalanianaole St., Hilo, Hawaii
☎808-935-8825

シローズ・サイミン・ヘブン（4月19日）
98-020 Kamehameha Hwy., Aiea, Oahu
☎808-488-8824

スイサン・フィッシュ・マーケット（5月21日）
93 Lihiwai St., Hilo, Hawaii
☎808-935-9349

【タ】

チャーリーズ・タイ・キュイジーヌ（11月24日）
65-1158 Mamalahoa Hwy., # 9A, Waimea, Hawaii
☎808-885-5591

てしま食堂（11月8日）
79-7251 Mamalahoa Hwy., Kealakekua, Hawaii
☎808-322-9140

デック（11月26日）
Queen Kapiolani Hotel, 150 Kapahulu Ave., Honolulu, Oahu
☎808-931-4488

デリ＆ブレッド・コネクション（8月10日）
3-2600 Kaumualii Hwy., #1648, Lihue, Kauai
☎808-245-7115

【ハ】

ハイウェー・イン（10月19日）
680 Ala Moana Blvd., #105, Honolulu, Oahu
☎808-954-4955

ハウ・ツリー・ラナイ（8月19日）
2863 Kalakaua Ave., Honolulu, Oahu
☎808-923-1555

ハナ・ランチ・レストラン（9月6日）
5031 Hana Hwy., Hana, Maui
☎808-270-5280

ハワイアン・スタイル・カフェ（8月30日）
681 Manono St., Ste#101 Hilo, Hawaii
☎808-969-9265

ハリイマイレ・ジェネラルストア（10月11日）
900 Haliimaile Rd., Makawao, Maui
☎808-572-2666

ボルケーノ・ワイナリー（10月24日）
35 Piimauna Dr., Volcano, Hawaii
☎808-967-7772

【マ】

マナゴ・ホテル＆レストラン（11月7日）
82-6155 Mamalahoa Hwy., Captain Cook, Hawaii
☎808-323-2642

ママズ・フィッシュ・ハウス（6月18日）
799 Poho Pl., Paia, Maui
☎808-579-8488

【ラ】

リトル・フィッシュ・コーヒー（7月27日）
3900 Hanapepe Rd., Hanapepe, Kauai
☎808-335-5000

ロウ・インターナショナル・フード（4月2日）
222 Kilauea Ave., Hilo, Hawaii
☎808-969-6652

予定した場所があり、時間がある。
しかし新しいアイデアはいつも突然に湧いてくる。
思いついたときが出発のときであり、
空模様と相談しながら途中で目的地を変えることもある。
ダートから高山まで、灼熱の地から吹雪の天文台まで、
入念に計画を立てつつも、柔軟に対応する。
移動の足として、大量の装備の保管庫として、
車なしに本書は完成しなかった。
木陰に車を停め、この文章をしたためる。
今日もよい一日になりそうだ。

ハーツレンタカー

レンタカーを借りる際の魅力に「より新しく」「より清潔に」がある。島々を網羅し、そんな車を用意するハーツレンタカーはよき相棒となる。
☎0120-489882
https://www.hertz-japan.com

近藤純夫（こんどう・すみお）

1952年、札幌市生まれ。エッセイスト、翻訳家、写真家。1980年代に洞窟調査などでハワイ島へ行ったのをきっかけに、その後足繁くハワイに通う。ハワイ諸島の自然と文化に関する講座や講演を通じてハワイ情報を発信。ハワイ火山国立公園アドバイザリー・スタッフ。ハワイ関連の著書に『ハワイ・ブック』『新版 ハワイアン・ガーデン』（以上平凡社）、『ハワイBOX フラの本』（講談社）、訳書に『イザベラ・バードのハワイ紀行』（平凡社）ほか多数。

ブックデザイン　皆木祥吾
DTP　水谷美佐緒（プラスアルファ）
編　集　増本幸恵
校　正　藤吉優子
写　真　太田清美（1月19日）　日置順子（3月20日）
坂　紀子（3月23日）　中川美子（4月22日）
坂　和雄（9月16日）　森田ちはる（10月23日）
中沢浩二（11月9日）　高木夕可里（12月2日）

ハワイごよみ365日《にち》
季節《きせつ》ごとに楽《たの》しむ、島々《しまじま》の素顔《すがお》

NDC276

2020年5月21日　発　行

著　者　近藤純夫《こんどうすみお》
発行者　小川雄一
発行所　株式会社 誠文堂新光社
〒113-0033　東京都文京区本郷3-3-11
（編集）電話 03-5800-3614
（販売）電話 03-5800-5780
https://www.seibundo-shinkosha.net/
印刷所　株式会社 大熊整美堂
製本所　和光堂 株式会社

ISBN978-4-416-52036-9